全新
增订版

教养

细节里 在生活的

洪兰　蔡颖卿　爱与智慧的对谈

洪　兰

蔡颖卿

著

北京时代华文书局

图书在版编目（CIP）数据

教养在生活的细节里 / 洪兰，蔡颖卿著 . — 北京：北京时代华文书局，2023.6
ISBN 978-7-5699-4964-3

Ⅰ . ①教… Ⅱ . ①洪… ②蔡… Ⅲ . ①家庭教育 Ⅳ . ① G78

中国国家版本馆 CIP 数据核字 (2023) 第 073857 号

北京市版权局著作权合同登记号 图字：01-2023-0443 号

本书由台湾远见天下文化出版股份有限公司正式授权

拼音书名 | JIAOYANG ZAI SHENGHUO DE XIJIE LI

出 版 人 | 陈 涛
著 者 | 洪 兰 蔡颖卿
责任编辑 | 陈丽杰 袁思远
执行编辑 | 高春玲
责任校对 | 薛 治
封面设计 | 孙丽莉
版式设计 | 段文辉
责任印制 | 訾 敬

出版发行 | 北京时代华文书局 http://www.bjsdsj.com.cn
　　　　　北京市东城区安定门外大街 138 号皇城国际大厦 A 座 8 层
　　　　　邮编：100011 电话：010-64263661 64261528

印 刷 | 三河市兴博印务有限公司 电话：0316-5166530
　　　　　（如发现印装质量问题，请与印刷厂联系调换）

开 本 | 880 mm×1230 mm 1/32 印 张 | 9.5 字 数 | 211 千字
版 次 | 2023 年 7 月第 1 版 印 次 | 2023 年 7 月第 1 次印刷
成品尺寸 | 145 mm×210 mm
定 价 | 56.00 元

再版序一
科技在进步，教养同样需要与时俱进

　　很高兴这本《教养在生活的细节里》要再版了。编辑要我和蔡颖卿老师再写一篇序言，跟读者们谈谈新时代的教养方式。我很愿意，因为父母的态度决定孩子的命运，现代的父母不应抗拒新科技，而应该让新科技帮助孩子更好地学习。

　　在新科技不停改变世界的时代，父母目前能做的就是替孩子准备好"听、说、读、写"的能力，让他在学习新知时有个"鹰架"支持。因为他们出社会时所要用到的知识和所要做的工作都还没有出现，他们只能靠扎实的基本功去见招拆招，随时学习新知。五十年前，我的博士论文是用打字机打的，因为那时还没有计算机，但是我能继续在大学教书，因为我拥有学习新技术的能力。当然，不管时代如何进步，孩子敬业的态度以及高尚的品格都是竞争所必要的。教好了这几项，父母就可以放心地让孩子飞翔了。

　　在二十一世纪，生存的必要条件也跟以往不同，现代的孩子必须有创造力、人文素养、跨领域的专长和高度的EQ才能跟别人竞争。

为什么创新这么重要？因为在科技进步的现代，仿冒无法避免，人无我有，我会赢；但很快人也会有，这时我得优，才能比人家更胜一等；假如人家也优了，我只好廉，用物美价廉来吸引顾客；但是一旦人家也廉了，我就只能继续创新，用新品来取胜。所以在AI时代，人无我有，人有我优，人优我廉，人廉我新，创新能力是首要的生存必要条件。

但是创造力不可能无中生有，它是在人人可见的现象里看到别人所未见到的。因此，孩子需要阅读，不但要读，还要跨领域地大量阅读，才能举一反三，从而产生创造力。实验发现，阅读会使大脑的神经广泛连接，这是触类旁通、产生创造力的必要的大脑机制。

同时，关于大脑发展的研究发现，只有主动学习才会促使神经连接，孩子是通过经验而逐渐在大脑中形成外在世界的内在模式的，所以父母要鼓励孩子去探索，放手让他动手做，以加速他大脑中神经的连接。法国科学院院士S. 德阿纳（S. Dehaene）说："父母不必害怕孩子犯错，错误是最快的学习方式，犯错时大脑活化的部分比做对时更多。"爱因斯坦也说："一个不曾犯错的人从未尝试过新的事物。"孩子犯错没关系，只要不犯第二次就好。

孩子的学习始于出生的第一天而非上学的第一天。凡是经历过的事情，我们的大脑必留下痕迹，一个一岁前就被加拿大家庭收养的中国婴儿，到十七岁时，大脑尚留着他被收养前所听到的汉语痕迹，科学家发现他跟我们一样——对汉语声调的处理机制在左脑，而外国人把声调当作物理音，处理机制在右脑。

这个实验说明了童年经验的重要性。表观基因学（epigenetics）发现基因的开或关会受到环境的影响，实验者电击刚出生不满十天的小鼠，这时，只要妈妈在旁边，小鼠的大脑就不会分泌压力荷尔蒙，因为它妨碍大脑的发育；但是如果把妈妈移走，那么小鼠的大脑会立刻分泌压力荷尔蒙来准备"战"或"逃"。十天后，小鼠大脑已经完成发育了，这时妈妈在不在旁边都没有关系，电击小鼠时，它的大脑都会分泌压力荷尔蒙来保护自己。所以，孩子幼年期时，父母的回应很重要，这是孩子安全感的来源。

家庭是孩子的一生中最重要的部分，它是孩子最早的学习场所，父母是孩子最初的老师，父母千万不要为了分数打击孩子的自尊心。自尊心是孩子的品德的基础，若失去了自尊心，他的品德就瓦解了，一个有自尊的孩子才会自重和自爱。

在科技突飞猛进的时代，学校所教的知识的半衰期只有六个月，出校门不到一年就用不上了。因此父母不要很在意孩子的分数和名次，在二十一世纪，分数会变得越来越不重要，因为成功不是智慧的函数，而是面对挑战的勇气和解决问题的能力。父母千万不可用打骂的方式使孩子失去上学的动力和学习的兴趣。一个不想学的孩子，天资再好都是枉然。

孩子的社会化过程是跟同侪一起完成的，因此孩子需要好朋友。交朋友最重要的原则是不可委屈强求：你不可能让所有的人都喜欢你，你也不可能喜欢所有的人，但是你可以让所有的人都尊敬你，只要你坚守原则，表里如一，始终如一。有知心的好友，孩子会终身快乐，父母需要以身作则，让孩子从观察模仿中习得交朋友的原则。

其实，教养孩子的方式是说不完的，孩子不会按照父母希望的那个样子长大，而是会按照父母本身的那个样子长大。但是只要父母尽心尽力，孩子就能感受到父母的用心，用成材来回报父母的辛苦养育。

再版序二

既要面对变动的环境，也要面对孩子成长的身心

跟洪兰老师一起出版《教养在生活的细节里》（台湾原书名：《从收获问耕耘，脚踏实地谈教育》）之后这八年，老师跟我各自在教育这片变化多端的田地里继续勤奋耕作。

认真、努力，是任何一位亲近洪兰老师的人都会受到的激励，而对于立志要实践杜威教育的我来说，老师不停分享的大脑研究新知和她轻易就能进行的对问题鞭辟入里的分析，才是我在自己的教养小园里踏实深耕的养分与动力。

这几年中，无论教育观念还是教育方式都起了极大的变化，每一种改变都牵动着孩子的成长。无论我们乐不乐于见到这些改变，只要身为教育园丁或养育农夫，就得在变化的土质与天候条件中继续工作。唯有一方面充实自己的耕植新知，提升耕植能力，一方面保持人性中最有用的力量：毅力和耐心，我们才有可能心安理得问收获。

我所说的"园丁""农夫",当然是指这本书寄语的读者们：父母和老师。

近四年来，我开展了一个小小的实验，把当老师和做父母的时间和心境完全结合在一起来思考教育。大约每个月一次，我会和不同的孩子们日夜生活在一起几天，从各种生活自理细节到各科学业，都亲自教导他们。在苦乐参半的这三年的经历之中，我一次又一次发现，先前这本书中洪兰老师对我提问的回答是有多么有用！老师的回答不只提供了大脑运作的科学根据，包括许多成熟实验中的生理、心理反应，更提出了糅合现实生活角度与社会化角度的具体建议，帮助我调整方法。我就在这种合理有据的方法中把稳了教导的方向盘，也依恃着老师充满温暖的智慧，不断地为自己的耐力充电。

孩子在成长期中，面对的常常是自己"短视线""小范围"的问题。我这样形容和描绘，并不是要强调孩子的想法不重要，相反地，我正想指出：正是因为这些问题"可见"和"可感"，所以对亲师来说都是非常严肃、重要的信息。但在同一时期，父母和老师对于孩子成长的期待与忧虑却多半是"长远"和"成熟"的。许多冲突和压力正来自这之间的理解差距。解决的方法并不是去执行某一位专家的意见，而是不逃避问题并理性地思考，诚恳、专心、灵活地运用建议。

这三年我与孩子更加亲近之后，我当然很关注大环境中教养价值的改变。我最大的感受是，如今孩子成长的困难不只源自代代之间的误解，更来自高度错置的混乱体系。面对变动的标准，父母太彷徨，经常苦了自己也乱了孩子的良顺。成人又往往不以责任适当的限度来决定该不该放手，却用单一标准或参照专家建议来决定该不该管、要不要放，最终阻碍了孩子循序成长的平坦之道。父母跟孩子道歉者有之，父母在老师面前代孩子道歉者更有之，总之，父母爱的臂膀太宽阔，阻挡了孩子健康成长需要的阳光与风雨。于是，过去教养途中少之又少的困难特例，如今数量多到足以使问题成为常规模式。

教育之所以困难，正因我们既要面对变动的环境，也要面对孩子成长的身心；既要保守住既有经验的益处，也想突破"仅此而已"的才能；既要留意现实的竞争，还想留住一片平和的幸福。

而我之所以乞问于洪兰老师，就是想在一片平和的幸福中，也尽自己的一点力量。

蔡颖卿

Bubu

自序一

择善固执，走对孩子好的路

从来没有一个时代的父母像这个时代的父母一样，这么操心孩子的教育；也从来没有一个时代的父母在投资了这么多的金钱和精神到孩子身上后，对回收却全然没有把握。我有好几个朋友，自己本身是育英才的教授，却不敢生孩子，问起来都说：不会教，所以不敢生。他们甚至开玩笑说，在课堂上，对不听话的学生大不了忍受两堂课，下课铃一响，各散西东；但是自己的孩子不听话，那可是一辈子的苦恼。他们这样一想，就不敢生了。难怪台湾地区的出生率是全世界第二低。

其实，教养孩子一点儿都不难，父母不用怕，它只有一个原则，就是以身作则：你孝顺你的父母，你的孩子以后就会孝顺你；凡是你不要孩子做的，你自己也不要做，如此而已。

有一天，在一个座谈会中，我和Bubu老师发现我们都没有送孩子去补习、学才艺，也没有给他们零用钱，但是他们都平顺地度过了青春叛逆期，成为社会上的有用之人，而且非常贴心。

天下文化的许耀云总编辑听到了，便希望我们俩来合写一本书。Bubu老师的观察力敏锐，她有很多第一线与家长接触的实践经验，每次问的问题都非常中肯，触及许多父母心中的疑问；我则有很多实验的经验，从大脑看到发展与学习的关系。许总编辑希望我们一问一答，给父母一些新的观念，并且加强父母对教养孩子的信心，敢择善固执地去走对孩子好的路。

父母的信心很重要。很多时候，人很难抵抗社会压力，古语说："木秀于林，风必摧之；行高于人，众必非之。"别人都送孩子去补习，你不送时，你要有勇气去抵挡那些闲言闲语。若是这股压力来自家中的长辈，更是为难，许多父母为了家庭的和谐，往往会屈服。但是教养孩子是父母的责任，不是祖父母的。父母要对孩子负责，因为是父母把孩子带到这个世界来，就有保护他的责任，更有养成他好习惯的责任。品格决定命运，习惯决定机会，一些看似无伤大雅的习惯，甚至会影响孩子日后在事业上的发展。

溺爱是最不好的教养方式，从"溺"这个字就可以看出它的危险性。曾经有个游民说："母亲舍不得我吃苦，使我从小不懂得吃苦；我不懂得吃苦，反使我吃了一辈子的苦。"中国人有"君子抱孙不抱子"的观念，"含饴弄孙"是祖父母的愿望，做子女的常不太敢讲话，孩子从小就懂得不想写功课或想买玩具时，要去找阿公、阿嬷。但是教养要成功，一个家庭只能有一套教养方式，大人必须先商量好，保持一致，孩子才不会有机可乘。

当然，孩子一天有八小时的时光是在学校中度过的，老师和校长的态度非常重要。在没有电视、信息不发达时，老师就是学生的榜样，学生经常会不由自主地去模仿他所崇拜的老师。我初中的英文老师是师大英语系毕业的，她聪明美丽，教我们时，每天都是毛衣、窄裙、高跟鞋；后来我自己教书了，下意识地也是毛衣、窄裙、高跟鞋。直到有一天，碰到初中同学，看到她也是这样打扮时，我们才相顾大笑，原来在不知不觉中，我们都被潜移默化成英文老师的模样了。

对青春期的孩子来说，老师的重要性不亚于父母，所以这本书中对老师有很多着墨，在现今社会，老师更需鼓励。其实，教育是专业，学生的家长即使是博士、教授，也只是他那个领域的专业，不是教育的专业。在教育上，家长应该尊敬老师，不可以在孩子面前诋毁老师，因为人只会听从他尊敬的人的话，也只会从他尊敬的人身上学到东西，一旦孩子不尊敬老师，老师的话他不会听，学也就白上了。老师一定要不停地进修，进修会带给自己自信，当家长来抱怨时，才能大声地说："请让我用我的专业……"一个学校要办得好，老师、家长的相互尊重是必要条件。

许多研究都指出："决定孩子行为好坏的因素，不是管教的松与严，而是父母参与孩子生活的程度。"父母给孩子最好的礼物是一个温暖的家，让他的情绪能在稳定安全的环境中发展。所以父母不要以为去加班赚钱，让孩子吃好、穿好，才是爱他；孩子要的其实是父母的陪伴与关心。有道是"酒肉穿肠过"，心灵的安全感才是他终身的支柱。

有一句英文谚语说："成功是得到你想要的东西，快乐是接受你得到的东西。"孩子是上天的福赐，请接受你的孩子，不要每天挑他的毛病，他的一切来自你，你的态度会塑造成最后的他，请珍惜上天给你的礼物。

自序二
脚踏实地，让教育的收成更美好

认识洪兰老师转眼过了八年，这八年中，我的两个女儿也分别结束学业开始就业。孩子们以成人的姿态进入社会的过程与其中的苦乐，更印证了我先前对教育的了解：父母的责任不是帮助孩子进入某一所名牌大学，文凭上的校名戳记也无法代表知识；一个孩子算不算真正独立，终将要用自己的行为来证明，他的快乐也一样要从自己经营的生活中去收集。

独立与快乐都是金钱买不到的礼物，但我认为，有心的父母与师长都可以帮助孩子用比较快乐的心情完成独立，这本书就是酝酿于这样的希望并慢慢化为文字的。但在此之前，洪兰老师已经在台湾这块土地与南洋一带华人的教育园地辛苦耕耘了好久、好久，用演讲与专栏文字到处播撒希望的种子。

记得美国"芝麻街"那些可爱布偶的创造者吉姆·亨森（Jim Henson）曾说："孩子面对这个世界的感觉就是脆弱感与惊奇感。"我想，用适当的教导使孩子克服脆弱感以面对生活中的各种障碍，就是帮助他们独立的方法；而允许孩子保留住对这个世界的惊奇感，就是快乐的赠予。可惜的是，我们看到很多孩子充满依赖却不够快乐。所以，身为亲师的我们，的确还有很多工作等待着进行。

我观察到父母在养育孩子的过程中经常有几种情绪，例如：伤心、愤怒、失望、惭愧和忧虑。因为自己是过来人，当然了解这些情绪的出现是多么正常；不过，也因为是过来人，更知道其中有很多是过度的反应。真希望所有年轻的朋友能借镜于我们曾有的过失，千万不要浪费任何可以给孩子的时间、能为孩子善尽的力量。

大量情绪并不等同于关心，成人如何在彼此的提醒下采取正确的行动，就是我在这本书提问时的立意。比如说，在情感方面，"忧虑"当然是每一个阶段的父母都有的心理负担，但如果父母忧虑三五岁孩子的表现不如他人，因而觉得伤心、失望或惭愧，那就是极不正确的感觉。此时的孩子才等待着被引导，父母如果已经伤心以对，那等于定下评价，也不会再给予正确的教导了。又比如说，现今父母流行带孩子去诊断行为，我所接触的孩子就有不少是小小年纪已被当成"过动"或"类……症"，甚至也有不少已经开始服药。看到父母亲为此忧虑真是让人好难过，但我心中同时思及，如果一个孩子在以"纪律"被调教之前，就被贴上"过动"的标签，这对他们是不是最大的不公平？父母曾对此影响仔细思考过吗？

所以，在这本书中，我向洪兰老师所提的二十七个问题，大致都出自两种心情：一是知道老师对各个家庭条件都有体恤，因此能提供大家可以宽心、但同时尽力的方向；二是老师不只是资深的教师、母亲，更经历划时代亲子教养价值观的改变，对于教养方法的去存与修正可以提供温暖的建议。再加上老师的专业研究并善于分析事理，这些回答就更具客观与友善的意义。

"父母"与"老师"是这本书假设的两大讨论对象。因为，如果以时间的眼光来看，亲子或亲师并不是经验施与受的强弱相对者，而是生命成长线的前后经历者，所以，亲、师、生三者的关系探讨，是耕耘与收获的大问题，这本书也是为了想要有更好的教育收成而提的耕耘之问。

说到耕耘与收获，大家都会想起胡适先生自寿诗中的名句——"要那么收获，先那么栽"。但对我来说，更深刻的同感是因为教育家杜威博士的一段话："教育者和农人一样，有某些事得做，有某些资源可用，有某些障碍要克服。……利用各种不同的条件，使自己的行动和这些条件的能量合力作用，不要彼此冲突，就是农人的目标。"如果台湾亲师这两大对教育共同负责并拥有同等热情的心灵农者，尽快同意彼此有相同的目标，了解我们都想得到一样的丰收，我们讨论耕耘的方法时就不会自私自利，也不会交相指责或规避责任。我相信这些改变将不只带来收成的美果，教育的园圃之乐也因此得以代代相传。

洪兰老师的孩子与我的孩子都受过很长一段时间的西方教育，但我们很少提起其中特别美好的条件，比如说校园设备、师生比例的细致度。那是因为我们都了解，教育因人因地各有不同的条件，只求理想化或硬要拿某一国、某一校的理想方式或教材来套用，不但无法成功，还可能忽略原本可做的改善。这又如杜威所讲的：

"假如农人根本不考虑土壤、气候、作物生长特性等条件，就径自定出农事的目标，就太荒谬了！农人的目标应该是前瞻他自己的力量与周遭条件的力量联合带来的后果，用这个前瞻来引导每一天的行动。"这也就是我对教育"脚踏实地"的了解。

我不喜欢分别去谈体制内与体制外教育的优劣，因为并不是每一对父母都能自由选择孩子受教育的体制，过度讨论只会带来更大的忧伤，让人觉得于心不忍。但无论体制内外、台湾还是西方城市，只要缘于人心的改变、关怀的加深与方法的求进就能产生好影响。我们何不都估量自己土地的条件、权衡可以试作的方法，脚踏实地地慢慢往前，让那些飞来的启思种子因此而能花开满园。

"蓬生麻中，不扶而直。"每一位家长与老师都很重要，立于学习优势位置的人也不应对条件较差的受教育者失去同情心，我们得不断自我提醒，教育是一项绝不能虚耗情感、时间与金钱的工作，所有的教养结果大家终将一起承受，家庭与家庭无法彼此炫耀。因此，让我们一起协力，做好自己的分内之事，把孩子都扶正。

目 录

Part 1

用对的方式
爱孩子

把孩子当宝贝是为人父母最正常的情感，但如果爱的立意没有错，方式却不正确，孩子可能因此养成错误的价值观。

请不要用容忍或利诱的方法爱孩子，不要剥夺他们原本可以被校正的行为与关怀他人的能力，因为生活中的小事正在酝酿他们了解这个世界的观点。

如果我们能把教育放在一致的价值观上思考细节、掌握原则，"期待"与"不舍"就不会自相矛盾，"爱"对于孩子的滋润才会真正宽广。

不要因为爱孩子，
就让世界绕着他们转

孩子的以自我为中心是如何形成的？

Bubu老师

◆ 父母想要家庭有好的气氛与互助的情怀，一定要让孩子谨守分际地只获得应得的保护、关心与物质，也要维持不同辈分应对进退的礼貌。

◆ 一走出家庭这个小世界，以自我为中心的孩子生活起来只会感到不被关注、不受捧，绝不会拥有父母想给的快乐与轻松。

洪兰老师

◆ 现在孩子很多以自我为中心的行为，实在是因为在家父母不管、在学校老师不敢管所造成的。

◆ 孩子需要父母的保护、父母的爱，但同样父母也需要孩子的尊敬、孩子的孝顺。

◆ 爱是双向道，不是单行道，单向的爱叫溺爱，不叫无条件的爱。

请问洪兰老师

习惯于拥有不应得的资源，将养成不正确的价值观

记得几年前，一位年轻朋友问过我一个问题。她说自己男友的哥哥要去美国留学时，因为学费不足，父亲卖掉房子筹钱让他出国，他拿到学位后，在美国成家立业又置产，父亲很高兴，觉得苦心终有回报，退休后决定赴美与孩子团聚。没想到孩子向父亲提出，如果他真要来美国同住就得付房租，老父亲当然很伤心，这位年轻朋友问我，这样的教育到底是哪里出了问题。

我说，他父亲的错，就错在当时不该把全家所有的资源都给了这个孩子。一个成年孩子能不管父母生活上的负担，只想到自己的发展，就已能看到他的自私，后来要向父母收房租的行为，也不过是这种价值观更扭曲的表现而已。

在我周遭也有类似的例子。一个长我两岁的女孩，台大毕业后要去美国留学，因为家境不好，单身的姑姑心里很高兴这女孩会念书，于是把自己的退休金借给侄女，帮助她完成留学的美梦。当时的汇率是四十元台币换一元美金，二十年过去后，这女孩在美国完成学位，工作也有很好的发展，而姑姑年纪大了，需要钱养老，虽然钱是还了，但这个女孩不只无息借用长辈的钱，并坚持要以当时所得的美金数还款，用二十六元的汇率换成台币还给

姑姑。这笔账以她工程师精算的眼光来看觉得理所当然，却让所有照顾过她的亲戚朋友都很感叹。

自私的孩子不会只对亲戚无义，一样对自己的母亲无情。当她的两个孩子还小、需要有人在家照顾时，她甜言蜜语地说服母亲提前从任教的小学退休，离家到语言不通、人生地不熟的美国给她当了六年的保姆。自己的母亲不只照看孩子是免费，比保姆值得信任，还带着退休金去补贴生活杂支。一等孩子长大、可以上学了，她觉得母亲日渐年老，万一在美国病起来，医疗费用可不得了，还是台湾有健保方便，于是又立刻把母亲送回跟弟弟同住。

单独讨论这些事情，说起来好像——都让人感到意外，但仔细探究起来却不难发现，这些孩子其实都曾经拥有本来不可能拥有的资源或机会。如果他们当时也受了心怀感谢的教导，结果可能会不一样，但父母又往往认为，一个比较聪明或能干的孩子如果自私一点儿，也是情有可原，慢慢地就培养出孩子更以自我为中心的性格，对资源的分配没有同理心，养成不正确的价值观。这种价值观出错了，最可同情的，往往是给予机会的亲人，所以，父母应该在基础教育上就有所警惕，不要忽略小事所反映的价值观或态度，以免有一天反受其害。

把孩子当宝贝是为人父母最正常的情感，但如果爱的立意没有错，方式却不正确，孩子是否会因此养成凡事都要以他们为中心的态度？洪兰老师认为这是否源起于家庭呢？父母应该从小注意这种性格的发展吗？

过度喂养的爱，剥夺了孩子关怀他人的能力

带小朋友的时候，我常会听到孩子们脱口就说："我不喜欢……我不要……"所以我经常想，该如何让他们了解，不要把自己的喜好与要求放得如此之大。

记得有一次，我们正做着要带回家的点心，有个孩子跟我反映她不喜欢其中的哪些材料，我跟她说，这是给爸爸妈妈吃的，不要担心自己喜不喜欢吃，但孩子却回答："可是，爸爸妈妈会说，我是他们的宝贝，他们一定会先给我吃，如果我不喜欢这些东西，怎么办？"我也听过才上小学的孩子对父母说话时，会用"你不可以……你头脑有问题啊"这么不礼貌的言语，而父母竟能习以为常，这让我感到十分困惑。

真想跟天下正在养育孩子的年轻父母说，不要用容忍的方法爱你们的孩子，不要剥夺他们原本可以关怀他人的能力，不要忽略生活中的许多小事正在酝酿的他们了解这个世界的观点。法国散文家蒙田曾说过一句很好的话："儿童犹如我们的胃，不用过度喂养。"我想他指的是，无论食物或爱都一样，不可过度。

洪兰老师觉得父母需要不断以服务和金钱来向孩子宣示自己爱他们的程度有多深吗？如今培养孩子关怀他人的能力已是困难的教育，是否更应该借着生活的实务来作为教导与训练？

我们这一代人，看到长辈站着，就不敢大大咧咧地坐下；看到父母动手，绝不敢无所事事地接受服务。但过了一代之后，孩子坐着看电视等父母给饭吃的情况已经非常普遍，这应该怪罪社会风气

改变，还是要回归探讨每个家庭的基本教育与要求？

如果父母想要家庭有好的气氛与互助的情怀，我认为一定要让孩子从小谨守分际地只得到应得的保护、关心与物质，也要维持不同辈分应对进退该有的礼貌，绝不可因为爱他们，就让世界绕着他们转。因为一走出家庭这个小世界，以自我为中心的孩子生活起来只会感到不被关注、不受捧，绝不会拥有父母想给的快乐与轻松。

我记得洪兰老师曾在演讲中说起一个很会念书、做研究的学生，但同学都讨厌他。让我印象很深刻的是，别人买的潜艇堡他可以问都不问就吃掉，可以请老师说说这个故事吗？似乎与父母特别宠爱有关系。

Answer
给Bubu的回应

任性不是个性，自私不是自信

Bubu老师所说的以自我为中心，其实就是自私自利，凡事只替自己想，不管他人死活。当这种行为出现时，我很惊讶的是居然有父母不但不回头检讨自己带孩子的方式，反而替孩子解释说："我的孩子个性就是如此，他很优秀，所以太自信了，觉得自己什么都对。你以为他是自私，其实不是。"这是错的，任性不是个性，自私不是自信。担任联合国亲善大使的奥黛丽·赫本说得好："若要姿态优美，走路时要记得行人不是只有你一个。"

现在的家庭孩子生得少，每个都是父母的宝，有时我看到父母服侍孩子的模样，常会不自觉地想起"含在嘴里怕化了，捧在手里怕摔了"这句话。加上现在遴选学校校长时，家长会有一票，使得很多校长不敢得罪家长，更让老师觉得管别人孩子是吃力不讨好的工作，管多了家长会不依，还会气冲冲地来学校兴师问罪。

前阵子，有个家长因为营养午餐咸了点儿，一状告到教育局，要校长道歉。其实煮菜的不是校长，他只有监督的责任，我们自己煮菜偶尔也会多放了点儿盐，这并不是什么大不了的事，非得要告到教育局让校长道歉，不道歉就要校长下台吗？父母的这种做法其实是不对的，因为我们对看不起的人是不会听他的话的，孩子不尊敬校长、老师，学校对他就没有影响力了。现在孩子很多以自我为中心的行为，实在是因为在家父母不管、在学校老师不敢管所造成的。以前的孩子还会怕警察、怕教官，现在连军中的士官长都不怕了，真不知道以后教育该怎么办。

放任孩子的自私，亲子都会尝到苦头

现在的孩子没有关怀别人的能力，这是很严重的问题。有一次，我朋友的孩子来我家做客，吃饭时，他把喜欢吃的那道菜直接端到自己面前，一个人吃光光，完全不管桌上还有其他人。我很客气地跟他说："祥祥，你要不要试试阿姨其他的拿手菜？"他母亲抢着回答："他吃东西很挑嘴，好多东西不吃呢，他今天吃你这道菜是很给你面子了。"我很惊讶朋友居然这样宠孩子，一点儿不觉得他这个行为是不对的。我望了望桌上的其他人，大家脸上的表情都不以为然，可是没有人吭声，因为"打狗看主人"，主人不说话，别人还能说什么？可想而知，我以后不会请他来做客。这种自私的习惯一旦养成，孩子将来到社会上，也得不到朋友的帮助。

我也曾在亲戚家看过母亲在拖地，儿女在看电视，当拖把拖到儿女面前时，他们就把脚抬高，让拖把从腿下过去，身子动也不动，更别说站起来、接过拖把说："妈，您歇着，我来弄吧。"我比他们辈分高，看不过去发话时，兄妹两人对看一眼，异口同声说："妈妈每天上班，没有时间运动，这是她每周的运动时间。"原来这令人讶异的不孝行为，竟是母亲自己惯出来的，我只能叹着气赶快离开，眼不见为净。十年过后，现在她尝到苦头了，儿女成家后都搬回来住，生了孩子也都丢给她带，她只好提早退休，在家做"台佣"。她每次抱怨劳碌命时，我都要很努力地控制自己，不要把"你自找的"说出来。

单向的爱叫溺爱，不叫无条件的爱

最近在报上看到一件更惊人的事，一个妈妈说她初二的儿子回家，一手拿着香鸡排，一手拿着珍珠奶茶，她劝说："马上就要吃晚饭了，你吃了这些，饭会吃不下。"（本来饭前就不该吃零食的，不是吗？）想不到她儿子竟回嘴："在吃狗屎之前，总可以让我先享受一下美味吧！"孩子如此无礼地出言不逊，这母亲居然没生气，她说她只能摸摸鼻子，自己走开，因为孩子这种态度她已经习以为常了。我看了几乎跳起来，怎么有父母放任孩子到这种地步？从小时候开始，孩子如果不每天好好管教，父母被骂"三字经"也只能说是自作自受了。

至于Bubu老师提到的那个学生，这孩子的父亲是医生，母亲是药剂师，家境富裕，又是独子，因为父母太过宠爱，于是养成"凡是眼睛看到的都是他的，凡是他想要的也是他的"这样的观念。因为他自私自利、唯我独尊的态度，他在实验室跟别人相处得很不好，例如别人买的潜艇堡他可以问都不问就吃掉。他虽然功课很好，但人缘不好，别人不愿与他共事，这也阻碍了他日后事业的发展。在科技整合的时代，大家都不敢找不易相处的人做伙伴，因此他拿到学位后，一直做博士后研究员，找不到长期性的工作。

所以，孩子从小就一定要养成好习惯，一个对父母不孝、不感恩的人，他对国家会忠、对朋友会信、对社会会有爱吗？说严重点，这些父母对不起国家和社会，因为他们教出来的孩子国家不能用，浪费国家的资源，还反而造成社会负担。

孩子需要父母的保护、父母的爱，但同样父母也需要孩子的尊敬、孩子的孝顺。爱是双向道，不是单行道，单向的爱叫溺爱，不叫无条件的爱。

"你有什么，他就有什么"，并不是真正的公平

如何处理手足之间的"公平"问题？

Bubu老师

- 父母对于"公平"的想法，往往只是单纯地顾及物质上是否均有或赞美是否一样多。
- 如果用不对的方法处理孩子的"不公平感"，孩子小的时候所计较的小对象、小经历，很快就会随着成长而变成其他对爱的要挟，偏差行为的规模也将大到让父母极为伤神痛苦。

洪兰老师

- 一旦孩子觉得父母偏心，你做什么他们都有另外的解释，这时倒不如把孩子叫过来，利用这个机会教育他们分享的观念。
- 父母可以尽量让大的孩子去照顾小的孩子，让他们能够相扶相持，培养亲密的感情，而不是用表面的物资平等来分化手足的关系。

请问洪兰老师

要早一点儿为孩子建立家庭资源共享的观念

洪兰老师虽然只生养一个孩子，但您成长的家庭中有好多姐妹，关于父母对待孩子的心情，或处理物质的方式，一定能给家长一些建议。现代父母耗费许多精力去处理手足的"公平"问题，也因为想求得"公平"浪费了许多家庭资源。

我的原生家庭有四个孩子，我是老幺，从小母亲就说，她不担心我们手足相争，只担心我们的感情太好，一起瞒着她调皮捣蛋。记得小时候两个哥哥也会争吵打架，但我们无论怎么争吵，每天在父母亲回家前一定会和好，不像现在的孩子总把跟父母相处的时间用来投诉手足的争执，或是抱怨父母不公平。

童年的经验使我在养育两个女儿时，也从不以"宣示公平"作为对待她们的原则。我很清楚自己爱她们的心情绝对是公平的，但这种公平却无法以"你有什么，她就有什么"来表达。一个家庭的资源都是共有的，全家人都要学习为整个家庭着想，所以绝不可能让孩子以物质分配作为标准，来检查父母公不公平。

我的小女儿一直都很乐意穿姐姐的旧衣服，大女儿也为了要让妹妹接手而小心爱护自己的衣物；到了两人都不能穿时，我们就再把小心穿戴而状况依然很好的衣物转给不嫌弃的亲友或邻居，我用这些小事教导她们惜物爱人的意义。记得妹妹高中那年，她已经长得比姐姐高了，穿起姐姐的裤子是有点儿短，但妹妹说没关系，剪掉一截就变成七分裤，还是很好看。

家人共享物质、彼此体谅，虽是很自然的事，但现在每有机会与读者分享教养经验，我却最常被问到有关"公平"的问题，比如说："昨天我带两个孩子去文具店，他们同时看上一样东西，但店里只有一个，两兄弟却不肯相让。面对这种问题，我很心烦，却不知该怎么处理。"

我要这位母亲先问自己两个问题：

家里需要这个东西吗？如果需要，需要两个吗？

如果答案是否定的，那处理的方式就是不用买或只买一个，绝对不必为了表面的公平而买两个。

不要因为价钱不高的小东西或玩具、零食，就觉得非要表现公平不可。孩子从小对公平有不正确的认识，一定会延伸成更重大的问题。我也听过有位母亲同时购买两套二十几万元的教材给上幼儿园的女儿，并交代老师不可以让姐姐去碰妹妹那一套，那位母亲觉得自己非常公平，没有亏待哪一个孩子。

别让孩子打着"你不公平"的旗号来磨难父母

新一代的父母所看重的公平对待，如今已产生后果了，这些担忧应该被引为借镜，不要重蹈覆辙。孩子在物质平等的对待后养成了计较的性格，有些甚至打着"你不公平"的旗号来磨难自己的父母，这样对亲子双方都没有帮助。我不认为孩子真的这么难教，是父母自愿放弃了重要的机会，以致带来不断加深的麻烦。

我想说说自己的经验。上个星期带完一班四到六岁的小朋友，下课前给孩子们做了棒棒糖，每个人可以带两支回家。有位妈妈接了孩子之后，一只手拿着女儿分到的两支棒棒糖，另一只手牵着三岁左右的弟弟来找我，她问我："Bubu 老师，还有多的棒棒糖吗？"

我抬头一看远处，知道工作台上还有几支，原本想直接说："有，弟弟想要是吗？"但话还未出口，先听到妈妈接着就说："弟弟很想吃，可是姐姐不肯给他。Bubu 老师可以再给我一支吗？"

我立刻蹲下跟小女孩说："你有的东西都是要跟家人一起吃的，现在你自己拿一支糖分给弟弟。"孩子听了我的话之后，没有任何迟疑就去接妈妈帮她拿着的两支糖，然后递出一支给弟弟。现在，换弟弟不肯了，他要姐姐手上的那一支，所以我又转头去跟弟弟说："不可以的！姐姐很好，分你一支，她给你哪一支，你就拿哪一支，然后跟姐姐说谢谢。"弟弟虽然很小，但听完之后也乖乖照着做了。

回家后，我一直想着那几分钟发生的事，以及父母面对类似的问题时，是否施行了正确的解决方式。

为什么父母总是偏向微不足道的表象公平？是因为他们无法预知这种处理将会导致层层渐进的深远影响，还是他们误解了公平正确的含义？家庭中的父母与学校中的老师，面对分配资源与关心的处境都是一样困难的，如果考虑表象与实质的两面，洪兰老师会建议大家怎么做？

不能正确地处理公平，甚至会助长偏差行为的规模

父母对于公平的想法，往往只是单纯地顾及物质上是否均有或赞美是否一样多，却没有想过，如果用不对的方法处理，或是没有勇气面对孩子的抱怨，孩子小时候所计较的小对象、小经历，很快就会随着成长而变成其他对爱的要挟，偏差行为的规模将大到让父母极为伤神痛苦。

我遇见过两个家庭，一个是在搬家时，孩子要父母用尺仔细丈量，确定他们兄弟俩的房间一定要"一样大"；另一个是家中有土地与人合建，兄弟俩虽然各得到一笔丰厚的地产，但因为弟弟分得的其中一个店面比哥哥少了零点七五平方米，所以弟弟每隔几日就打电话去咒骂父母。我不禁想，亲子之间不是只有权益、物质的赠予而已，随着父母年龄的增加，当照顾与关怀的责任要由兄弟俩分担时，那些斤斤计较的孩子又会如何思考公平的意义。

前阵子，我在停车场的缴费机前等待了很久，只因为一个爸爸让他的孩子代替他去投停车币，引起另一个孩子大闹"不公平"。父亲起先是生气的，但气过之后还是不能坚持自己的原则，所以，他把那个发怨言的孩子抱起来，再去摸一下投币机"以示公平"。那孩子摸完从父亲的怀中溜下，恶狠狠地瞪了姐姐一眼，没有一点儿六七岁孩子应有的天真可爱。

当我不断看到现代父母是如何处理孩子的公平问题时，很想对他们说——不要用物质与称赞对孩子宣示："我爱你们一样多，请别挑剔我。"因为那不是真正的公平。对于当一个公平的父母，洪兰老师又有什么建议？

给Bubu的回应

公平在乎的是实质的平等，不是物质上的假象

自古以来，"公平"一直是导致人心向背最主要的原因，统治者若能做到这一点，老百姓万里来归。做父母的也是，青春期的孩子会叛逆，有一个原因即是"父母偏心、不公平"，孩子觉得父母不喜欢他，只喜欢哥哥或弟弟，于是会去做坏事以引起父母注意。父母如果不能理解他故意破坏行为背后的原因，反而骂他是坏孩子，说"你为什么不能像哥哥或弟弟一样"时，孩子会变本加厉，越责骂越糟糕，最后自暴自弃，走上不归路。

我曾看过一个长得非常可爱的女孩用装病的方式来引起父母的注意。她原是家中的独生女，家境富裕，三千宠爱在一身，后来她母亲意外怀孕，生了个弟弟，大家的注意力转移到弟弟身上，她发现只有生病时母亲才会来关心她，于是就开始装病。病装久了，假病成真，人恹恹无生气，也变得不好看了。

另一个孩子更可怜，他因为弟弟功课好，常被家人拿来比，骂他不长进，他于是在弟弟要考基本学力测验时，把安眠药放在弟弟的水壶中，让他想睡没考好，闯下大祸。

公平不是台面上大家以为的"你有我也有"，还要考虑很多其他的因素。比如说，很多老师以为，如果两个学生都做错了事，

那么各打五十大板叫作公平，却忘了去思考一下犯错行为背后的原因，以及刑罚的适当性。背后的原因最重要，一个是故意，另一个是过失，处罚的程度自然要有所不同。尤其是男女对于公开丢脸的感受各有差别，五十大板对顽皮的男生来说可能不在意，对脸皮薄的女生而言，可能一星期都不敢抬起头来见人。

公平在乎的是实质的平等，不是物质上的假象。像Bubu老师所说的例子，玩具买一模一样就是十分错误的示范。至于连房间都要拿尺量到一样大，更是令我吃惊，如果兄弟俩计较到这个地步，请问进了社会以后，他们还能兄友弟敬、互相帮忙吗？他们还能血浓于水，有着我有饭吃你至少也有稀饭吃的想法吗？

父母都以为两人有了一模一样的玩具就不会吵架了，殊不知人是爱比较的，我们观察到兄弟俩先是会各自拿着玩具到角落去玩，但是过一会儿，一个就会站起来走过去，把另一个手上的玩具抢过来，仔细比较一下，确定父母没有偏心把好的给了哥哥（或弟弟），这是人性。

教导孩子彼此照顾分享，培养亲密的手足之情

一旦孩子觉得父母偏心，你做什么他们都有另外的解释，这时倒不如把孩子叫过来，利用这个机会教育他们分享的观念，告诉他们"兄弟同心，其利断金"。兄弟姐妹是一定会吵架的，让他们自己去找出共玩的方法，自己定出来的规则，自己就会遵守；不遵守规则时，他们也会知道自己的不对，对兄姐的礼让会感动，

兄姐也不会内心反感被逼着去学礼让弟妹，反而把弟妹当作眼中钉去之而后快。

外国的父母一般不介入孩子的争吵，他们觉得越介入越糟糕。加州大学有个教授说得好，家人吵架这种事，外人最好不要介入，因为清官难断家务事。尤其是夫妻争执，外人更不能插手，他们床头吵架床尾和，外人若是不明就里介入调解，结果你还在生气，他们那边已经和好了，真的变成猪八戒照镜子——里外不是人。

父母平常可以尽量让大的孩子去照顾小的孩子，把一部分责任放在他们肩上。例如叫大的带小的去上学，被人欺负时，要大的保护小的，培养他们亲密的感情，一旦有外力介入，孩子们很自然会一致对外、同仇敌忾，而不是用表面的物质平等来分化手足的感情。我们小时候多半要背弟妹，照顾他们起居，因为母亲只有两只手，忙不过来，很奇怪的是，长大后我们这些一起吃过苦的姐妹感情反而特别好。

注重表面的公平，只会让手足互相计较与监视

曾有一个朋友的姐姐要换肾，她毫不犹疑地割给姐姐；另一个朋友的哥哥有血癌，要骨髓移植，他却不肯捐，我们跟他说骨髓会再长出来，他也不肯，这跟他们从小一起长大的状况很有关系。一个说："我小时候都是大姐在带，现在她有病，我给她一个肾算什么？我还情愿替她病呢！"另一个则说："哥小时候专门欺负我，我不知吃过他多少暗亏，他曾经把我推下水沟，说我死了就没有

人跟他竞争了，我能活到今天是奇迹，我干吗要去帮他？抽骨髓的针那么大，我为什么要为他去受罪？我跟你打赌，换成我要他捐骨髓，他一定也不肯。"

他的话听了令人寒心，兄弟会弄成这样形同陌路，跟他们小时候父母只注重表面的公平，连吃牛排都要切得一样大有关，他们长大后没有培养出手足之情，只有天天互相监视，看爸妈有没有对另一个人好一点儿。所以，父母不要注重表面的公平，反而要一直教育孩子手足的重要性。俗语说，同船共渡是五百年的缘分，更何况生在同一个家庭做手足？我很感谢父母给了我五个姐妹，让我们在人生的路上相扶相持。

至于父母为何愿意牺牲对孩子应有的情感教育，而偏向微不足道的表象公平，有一个可能是现在的网络发达，许多话不论真假，一上网天下尽知，有的父母怕别人讲闲话，尤其是来自大家庭的人，便要在表面上做到完全公平。

对于家中资源的分配，我认为应该从小教孩子念林则徐说的这句话："子孙若如我，留钱做什么？贤而多财，则损其志。子孙不如我，留钱做什么？愚而多财，益增其过。"我父母常告诫我们："好男不吃分家饭，好女不着嫁时衣。"孩子应该要有凭自己力量打天下的志气。

有人在却没有人带，
就不算尽到照顾的责任

如何把时间留给孩子，给予需要的陪伴？

Bubu老师

- 孩子需要比他们成熟的人给予真心的回馈，就算时间不能够很长，但只要是他重视的人所给的关怀，对他就很受用。

- 通过观察而了解孩子的那些父母，并不是因为他们拥有大量的时间，而是真心的关怀促使他们在有时间的时候，能放下自己的事，建立乐于与孩子相处的氛围。

洪兰老师

- 一个好的母亲懂得让孩子帮助自己做家事，同时利用这个时间教他生活的经验和做人的道理，这样事情做完了，孩子也教到了。

- 父母若是都用手机跟孩子沟通，而不是面对面跟他说话，孩子自然对父母不会有深厚的感情，父母变成提供他衣食的工具，跟提款机没什么两样了。

请问洪兰老师

父母无须十全十美，但须尽心尽力

照顾孩子需要时间，如果资源相近的家庭拥有不同的生活质量，多半都是因为父母之间的配合程度、有效分工不同，所以孩子得到的父母善用业余时间的好处也不同。双薪家庭的成员能彼此体谅、分工合作，无比重要。

许多投身工作的母亲，心中常常对孩子怀有歉意，就像我的母亲或我自己。但是，在我们的年代，社会人际关系都还很单纯，网络与电视也还没有对生活产生重大的影响，所以，孩子看到的母亲，如果不是忙于工作，就是忙于生活杂务，很少是一群父母自己相聚却放着孩子不管，只用电视、快餐或游戏打发他们。

有几次，我与自己的母亲在闲聊时回想教养孩子的过程，虽然各自觉得有很多地方做得不够好，但是心中并没有惭愧的感觉。我同意这句话："父母无须十全十美，但须尽心尽力。"我感谢母亲对我的竭尽所能，相信我的两个女儿也感受到我努力兼顾生活与工作的决心。

在网络上"晒亲情"，真是孩子需要的关爱吗？

这十几年来，教养孩子的观念、方式与价值观随着科技的发展而迅速改变。各种活动大量增加、社群联结不断扩大，当人们通过博客、推特、脸书与LINE享受着讯息分享速度越来越快的惊喜，以及其中可能创造的机会时，也同时为此而付出不知节制的代价。许多人像上瘾一样急着展示自己当时的生活，我正在做什么、吃什么、在哪一国度假！我也看过年轻人在餐厅不顾一餐平衡地点一桌菜，摆完姿态拍完照片后才发现，怎么也无法把所点的菜吃完，浪费的行为让人无法想象。

现在的网络像一个舞台，人们为了展现画面或寻找机会，而不顾能力地经营片刻生活。但网络影响的绝不只是衣食住行的炫耀行为，我看到网络也剥夺掉很多父母应该用来照顾孩子的时间。网络的发展甚至让很多父母觉得这是跟子女沟通最好的方式，既能符合信息时代的趋势，又能有某些监控性，但他们不知自己为此付出多大的代价，也不知道这将改变孩子将来与伴侣相处的方式。

有一次，我的女儿跟我说，她经常在捷运上看到一些妈妈宁愿看自己贴在网络上的孩子照片，也不愿意转头去看看就坐在身边的孩子。我在路上也看过孩子跌倒时，父母亲不是去看看他们有没有受伤，而是先拿出手机拍照。"晒恩爱"不只是现今情侣炫耀甜蜜的描述，在网络上"晒亲情"也是许多父母照顾孩子的方式。外出用餐时常常会看到这样的情景——上菜了，父母先拍一张料理的照片，接着再拍一张孩子摆姿势跟美食的合照，然后父母开始滑动手机，忙着散播他们如何与孩子欢聚的情景，而实际上是全家都没有定下心来好好享受一餐。

记得有一次去演讲，我提到洪兰老师翻译的《棉花糖女孩》，会后有位先生发言，他说自己的妹妹听起来也像是一个年纪比较大的"棉花糖女孩"，整天都在脸书上贴两个女儿的照片。他很怀疑，这样的母亲要用什么时间来好好教养孩子，这又该怎么办？老师认为这些沉溺于科技中的父母，对孩子会产生什么样的影响？

身心的同时照顾，只要妥善安排就能事半功倍

孩子的成长需要身体与精神两方面的滋养，虽然其中的细节样样都需要时间，但并非无法重叠，如果父母亲能在自己的生活条件上做出对孩子最有利的判断，就能达到事半功倍之效。比如说，童年的时候，母亲总是一边教我做家事，一边跟我说书中的故事或家族的故事，再从这些故事里很自然地教我做人做事的道理，这是身体与精神同时喂养。

等我当了母亲之后，我也常常利用孩子做功课的时间忙自己的工作，但是我会把工作移到跟孩子同在一起的空间去做。我不是监督，而是希望在各自努力的目标下，也能达到共同奋斗的气氛。当我们一起工作时，如果有人离开桌前去休息一下，也会体贴地想到要帮其他人把杯中的水添满，默默地表达关怀。这些用来跟孩子相处的时间并没有阻碍我完成自己的工作，同时也达成了我照顾孩子的任务。

有个小朋友曾经跟我抱怨她的妈妈都不听她念书，因为妈妈

说回家太累了。我看这个孩子不只是很喜欢朗读，更是需要大人的注意，所以建议妈妈睡前一定要听她念一两段书，但妈妈回答我："我叫她念给小妹妹听啊！妹妹喜欢听故事。"我相信小妹妹是一个很好的听众，而且姐姐念书给妹妹听也是最好的姐妹相处方式，但是小妹妹无法取代父母。因为孩子不是只需要一个聆听的对象，还需要比他成熟的人给予真心的回馈，就算这些时间不能够很长，只要是他重视的人所给的关怀，对他来说就很受用。所以，我看到带着孩子在身边却不停滑动手机或只顾与人交谈的父母，除非也给孩子一部手机去玩，否则孩子总是不安定的居多。如果有人在，却没有人带，我们就不算尽到照顾的责任。

我记得洪兰老师也很会利用时间同时给孩子身心两方面的照顾，例如您念《西游记》给儿子听，让他帮你擦地板；或在他显得情绪低落时，把他叫过来围上披肩，一边剪发一边与他聊天，为他解惑。许多长辈照顾家庭的方式使我觉得，能通过仔细观察而了解孩子的那些父母，并不是因为拥有大量的时间，而是出于对孩子真心的关怀促使他们在有时间的时候，能放下自己的事，建立乐于与孩子相处的氛围。

洪兰老师能针对今日忙碌的父母给予一些建议吗？因为每当讨论到"把时间留给孩子"这样的题目时，就会有一些母亲开始满怀自责地想到该不该辞职的问题。

给Bubu的回应

父母花在孩子身上的时间，是一本万利的投资

照顾孩子是很花时间的，它比上班辛苦，也不能马上看到成效，因为带孩子和做家事就像希腊神话中的西西弗斯，早上推石头上山顶，晚上又滚下来，周而复始地做同一件事。家事是今天做了，明天又脏了；孩子也是今天交代了，明天又忘记了，难怪很多妈妈觉得带孩子比上班累。但是，亲子之爱是金不换的，父母花在孩子身上的时间，对孩子的未来而言是一本万利的投资。

一个好的母亲懂得让孩子帮助自己做家事，同时利用这个时间教他生活的经验和做人的道理，这样事情做完了，孩子也教到了。例如，以前的孩子放学回家都要帮忙喂猪、煮饭菜，儿时在厨房里洗菜时，母亲就教我菜的种类，怎么选，怎么煮，所以我很早就知道芹菜是吃茎而不是吃叶子，我却有同学一直到出国留学都不知道。

我很同意Bubu老师说的"父母无须十全十美,但须尽心尽力"，父母只要尽了力，便不必内疚。事实上，我父母那一辈的人常感叹我们小时候没有鸡蛋、牛奶可吃，所以都长得矮，不能去做空中小姐，但他们并没有内疚，因为他们知道自己是尽了所有的力量来喂饱我们。其实，父母的心孩子是可以体会的，我母亲总是

说她爱啃骨头，常挑鸡颈子、鱼头吃，长大后我们才明了，一条鱼十个人吃，等到我母亲吃时，当然只剩鱼骨了。母亲把好的留给我们，吃我们剩下的，这使得我们都很孝顺，因为我们知道父母是爱我们的，虽然在那个时代不流行把爱挂在嘴边。

父母的爱，是没有任何手机可以取代的

Bubu老师描述的全家上馆子却各自滑手机的情况，真是二十一世纪的奇景，相信每个人都看过，却不知有多少人会像Bubu老师一样站出来指正。好几次我们同学聚餐，我看到菜来了便要去夹，同学都大喊"等一下"，纷纷拿出手机来拍，后来大家同意，每道菜只给三十秒拍，然后就要开动，因为中国菜凉了会不好吃。其实，我一直不明白，拍那么多菜看相片要给谁看呢？我们小时候受的教育，是不要向匮乏的人炫耀你所有的，如果妹妹没有去吃喜酒，我回来便不会向她描述喜宴的菜有多好吃，免得她心生遗憾，这是基本的同理心。为何现在吃到的人要传相片让没吃到的人流口水呢？

父母若是都用手机跟孩子沟通，而不是面对面地跟他说话，孩子自然对父母不会有深厚的感情，父母变成提供他衣食的工具，跟银行的提款机没什么两样了。现代的职业妇女"蜡烛两头烧"，的确是累，但不会比我母亲那个时代更累，因为那时完全没有机器代劳，一切用手做，光是洗一家十口的衣服就要两个小时。我想差别是在于，我们愿不愿意牺牲自己的休息，去照顾孩子心灵

的需求。我的母亲是全家最晚睡觉的人，她等全家都睡了、猫狗都喂好了、门窗都关好了，才会安心去睡。母亲教我说，责任尽了，才能安心，安心才能睡得稳，早上才有精神继续做事。

父母的爱，是没有任何手机可以取代的。

正当合理的处罚，
孩子才会坦然接受

什么样的处罚，能让孩子理解并修正错误？

Bubu老师

◆ 我们不该让孩子以为罚则不用存在，或施以处罚是一种罪恶。

◆ 让孩子从共同的约定、必有的纪律、责任的完成，来了解罚则存在的原因与处罚启动的时间，处罚才不会变成一种威胁，学习的前进也不必仰赖粗糙的惩罚制度来产生刺激作用。

洪兰老师

◆ 在学校或家庭的教育中，公平是第一要维持的原则。第二是鼓励比惩罚好，因为后者会适得其反，不当惩罚带来的后果比原来的错误行为还要糟糕百倍。第三是想办法让孩子敬爱你，而不是敬畏你，前者时效长且是无形的感动，后者时效短，你一不在眼前，坏行为就会出现。

请问洪兰老师

对于体罚，大多数家长仍然抱持着矛盾的心情

有位妈妈问我，赞成老师处罚学生用连坐法吗？她说小学儿子的社团老师会打人，一人犯错，全班体罚。指导老师觉得孩子小，不打就不懂得用功，但她的孩子很不服气，别人做错或不用功自己却得挨打。我问那位妈妈，为什么不直接向老师表达家长反对体罚的想法。妈妈说，因为老师曾警告孩子不可以跟家长说，如果去反映反而让孩子的立场为难，不过，妈妈也坦承还有一个原因是，这位老师的确把整个乐团的水平提升起来了。

我想请问洪兰老师，您对家长这种矛盾的心情有什么开导？

我看到家长至少有三难：

○孩子的不服要处理，却不知如何说明。

○家长应该把老师对孩子的警告解读为威胁吗？如果是，家长该直接说明对老师的不谅解吗？若不能指出老师的错误，家长又担心孩子真的什么都不说了。

○当父母一方面反对体罚，另一方面却还对体罚的效果有所肯定时，是否应该先自我反省，厘清其中的价值观混淆？

这是个很好的例子，反映出今天的教育现实中大多数家长所抱持的矛盾心情。简言之就是：如果真能借着打而得出好成绩，那

家长会保持沉默；但若是结果不好，事后可能就会表达自己是反对体罚的。

我认为亲师双方应以此例为借镜，了解以"不当的利诱"或"使用威胁"来达成学习目标，将导致更大的错误。另一个问题是：家长也该听一听教学的老师说明为什么明知家长是孩子的倚靠，却要求他们回家不可说，这是教导孩子欺骗，还是威胁孩子？弄清这些问题，对亲师之间的合作应该会很有意义，我相信孩子的人格会形塑于亲师双方无欺的身教中。

除了亲师的管理约束，更应建立孩子彼此之间的坦然要求

从这个问题也想延伸请教洪兰老师，现在的小朋友因为都比较受宠，对于自己的行为会影响他人的观念是很浅薄的，但他们同时又是更需要以团体被照顾或进行教育的一代。所以，平常应该如何加强孩子的团队意识？当一个孩子的行为本身不见得绝对有错，但他的我行我素却影响了团队的任务时，鼓励或处罚可能都无法理想化了，为了维护团体利益，老师认为怎么做最适当？

我在教小朋友的时候虽然不体罚，但因为经常看到孩子太小而不能了解自己的行为与团体利益之间的联结，所以，有时候我会给予一项"属于全体的额外福利"，要他们一起努力争取。比如说，他们很喜欢饼干或棒棒糖，我就会为他们特别去做，但先跟他们说明，这是因为遵守规矩而得的奖品，如果有人继续爬高爬低或奔跑拉扯，我就要缩减一半，再说不听，就连一点儿都没有了。

我以团体为单位，是同时想鼓励那些在团体中守纪律、想得到福利的孩子能坦然地发声，对不在乎的小朋友做出要求。因为目前孩子除了告状与纠举之外，似乎还不知道他们也可以要求其他小朋友一起维护团体的荣誉，就和球场上得彼此合作才能进球得分是相同的道理，或像我们都不隐忍在公共场所不守纪律的人一样。

当我不停地听到孩子通过"告状"的方式来投诉其他小朋友的行为时，很担心教师总是夹在告状与申辩中，一次次去处理微不足道的小问题，因而浪费教学的时间。如果能建立孩子彼此之间的坦然对话，纪律就不只是老师单方的要求，而是一种相处的默契，彼此福利相关、休戚与共。我记得第一次跟孩子们说，如果下课前他们都不随便爬栏杆，我们就会有额外的小点心，后来上课上到一半，有个小朋友又不自觉地摸上走道的隔墙，这时，另一个小朋友对他说："某某某，请你下来好吗"，而不是告诉我："老师，谁又在爬栏杆了"！我也发现，小朋友比较在乎他们对彼此的看法，对师长的告诫反而麻木。

这个想法是从洪兰老师演讲中提到的"猴子合作吃香蕉"得来的灵感。如果连猴子对那些不怎么饿或不想工作、分心的伙伴都能直接用行动来表达态度，孩子是否也应早早有这种概念？但我不知道自己这样想是否正确。

孩子并非不能接受惩罚，但一定要说明为什么

另一次处罚孩子的经验，也很深刻地留在我心中。我发现，

孩子并非不能接受惩罚，但一定要说明为什么启动罚则，亲师也要了解他们受惩罚的感受。

那天我们上课的内容是孩子们为家长准备圣诞晚餐，也许是因为活动内容太让人兴奋，有几个小朋友跟平常上课的表现完全不一样，嬉闹到不能好好完成工作。开始供餐前分派工作时，我跟孩子们说，平常是上课，他们再不守规矩，我也要耐下心来使他们一一完成课程，确定每一个人的工作机会是一样的；但接下来的两个小时，这里变成了餐厅，而我是老板，老板跟老师不一样的是，老板总是要选择能够负责的人，而这一点我也在先前就跟他们说明了。接着我问大家，我是不是有权力选择自己觉得适合的员工，孩子们齐声说："是！"所以我就说出自己的考虑："刚刚在工作中一直打打闹闹的小朋友，很抱歉，餐厅最怕服务客人的员工嘻嘻哈哈，所以，我就不选你们做外场的工作了，大家觉得这样公平吗？"我很意外，孩子们一个不漏，都大声说："公平！"即使他们没有被分派到最喜欢的工作，脸上也只露出了微微失望的表情，却没有人因此生气或反对。

那晚，我在工作日记中写了一点感想，我提到"严肃"两个字经常被家长误解为"呆板"，但《韦氏字典》中的几个定义值得再思考——

不开玩笑，或不认为事情是微不足道的

用心思考的

充满兴趣的

真希望孩子对"严肃"慢慢累积出正确的认识，也希望他们了解自己当天是因为不够严肃而没能成为我理想的工作伙伴，这样他们也许就不会误解处罚的意义。

一般谈起"处罚"两个字，都觉得好严厉，只用"该"或"不该"来讨论它存在的意义。但现实是，成人也身处于充满罚则的世界中，任何该付的款项不去缴都会有罚款、开车超速有罚单……罚与"责任未尽""逾越界限""破坏公约"紧紧相连，所以，我们不该让孩子以为罚则可以不用存在，或施以处罚是一种罪恶。真正不应该的是，在教育中以处罚为手段，错乱了它的正当性，例如考不好就打、学不会就骂。但如果一个大学生在该来考试的当天却在睡觉，因而根据先前约定的条件受到应有的处罚，这样难道不对吗？

让孩子从共同的约定、必有的纪律、责任的完成来了解罚则存在的原因与处罚启动的时间，处罚才不会变成一种威胁，学习的前进也不必仰赖粗糙的惩罚制度来产生刺激作用。

Answer

给Bubu的回应

连坐法是不公平的，人不应该为别人的行为负责

我很反对连坐法，因为人应该为自己的行为负责，不应该为别人的行为负责。我出国时，父亲交代：一不做媒，二不做保。不

做媒是因为婚姻是一辈子的事，媒做得不好，耽误别人幸福；"保"这个字根本就是"呆人"，所以不能为人作保。

在美国，没有连坐这种事，所有人都是为他自己的行为负责；回到中国台湾后，我就看到老师喜欢用全班的力量来制约某个人。当全班为了你而青蛙跳一百下或跑操场十圈时，在老师看不见的地方，全班都会去揍你，使你再也不敢犯众怒。因此连坐是有效的，但很不公平；在有效和公平之间，我选择公平。

鼓励孩子自己去解决问题，学习排解纷争的技巧

告状在美国的小学里是不被同学接受的行为，小朋友不喜欢跟爱告状的孩子一起玩。孩子很小就学会，他如果向老师告状，可能得到一时的正义，但是以后没有人愿意跟他玩，因此，他会自己想办法去找回公道。这个方法虽然不是很好（孩子会受委屈一阵子），却训练了孩子从小靠自己、不依赖别人来解决问题的态度。

但是在中国台湾，这个方法行不通，我们的孩子已经习惯了向老师、父母告状，若是老师对孩子之间争执冲突的惩戒处置让孩子觉得不满意，他还会回家跟父母哭诉，双方父母就会到学校演出全本《铁公鸡》（一出从头打到尾的京戏，非常好看），十分不妥。因此，我们应该鼓励孩子自己去解决问题，当然在这之前，父母要先教导他什么是恰当的处理之道。父母也要让孩子知道，他必须学会排解纠纷的技巧，毕竟进入社会以后没有老师和父母

跟在后头撑腰，这样同时也杜绝了告状的风气。

教导孩子判断事情的轻重，以适时向大人求助

打小报告或告状在班上会被同学看不起，但是有的时候老师必须知道同学之间发生了什么事情，马上介入，以防止伤害扩大，也避免情绪滚雪球了之后，无法收拾。所以，老师要在一开学时教导学生：说实话、见义勇为和告密、栽赃、陷害别人是两回事。

孩子都很守信用，要他发誓不可讲，他便不讲，但是这要看事情的轻重，诺言重要，人命更重要。不讲清楚，学生年幼分不出轻重，台湾才会连续发生同学溺水，其他人看到了不敢说、害怕处罚，相约发誓守密，跑回家盖住棉被蒙头大睡，过了六天都不敢说出来的事情。老师有必要教导孩子，什么事可以替同学保密，什么事一定要告诉大人，这个分际连很多大学生都搞不清楚。基本上只要跟生命或安全性有关的任何事情，都得告诉大人，以免失去拯救的黄金时机；谁跟谁好这种儿女私情之事则可以保密。

现在有许多孩子很天真，坏人跟他说：你未满十八岁，不罚，其实这是错的。我个人很赞成初中生去监狱做志工，因为只有亲身听到厚重的铁门在背后关上的声音，才会知道自由的可贵。威胁的话没人爱听，但是从实作中得来的体验和感动，却会跟着孩子一辈子，这就是为什么早早让孩子去不同地方做志工、体验人生百态，这对他将来前途的选择会很有帮助。

父母诚心的陪伴，才能带给孩子肯定与安全感

不论在学校还是家庭中，公平是第一要维持的原则。第二是鼓励比惩罚好，因为后者会适得其反，不当惩罚带来的后果比原来的错误行为还要糟糕百倍，很多青少年都是因为大人的不当惩罚而走上不归路。第三是想办法让孩子敬爱你，而不是敬畏你，前者时效长且是无形的感动，后者时效短，你一不在眼前，坏行为就会出现。

从古到今，惩罚原则做得最好的是诸葛亮，他"赏不遗远，罚不阿近，爵不可以无功取，刑不可以贵势免。"老师和父母只要"善无微而不赏，恶无纤而不贬，庶事精练，物理其本，循名责实，虚伪不齿"，学生和孩子自然敬佩且服从你。但要孩子从心中爱你，就要像比尔·盖茨的父亲那样陪伴孩子。曾有人问比尔·盖茨的父亲是如何教养出这么杰出的孩子，他说："我也不知道，我只是陪伴他们，不错过他们生活中的大小事。"（Show up, being there for them.）父母诚心的陪伴是孩子最大的精神鼓励，它带给孩子的不只是安全感，还有肯定，这是金不换的道理。

"照书养"之前，
先从常识和经验中找答案

专家和权威的教养意见，应该如何看待？

Bubu老师

◆ 养育的方法虽然有共同性，但也应视个体的不同进行调整，调整前应先仔细观察。

◆ 现代父母应该更自然地看待孩子成长过程中的困难与适应，不要因为有些现象被称为"症"而觉得找到了问题的根源，从而紧抓着不放，也不要对万一处理不当会产生的后果担心不已。

洪兰老师

◆ 不是不可信专家，而是要有程度、有理智地去相信。

◆ 让孩子吃药或接受重大治疗前，大人必须有基本知识和普通常识，以及独立思考的能力，用逻辑性的方法去判断网络或别人给的信息是否合理。

◆ 我们是孩子的监护人，有监督和保护他的责任，不要把这责任推到专家身上去。

请问洪兰老师

凡事都要学才能会，教养必定有妙方？

知道洪兰老师也养猫，所以我想从两个女儿与我照顾猫的差别，来讨论新时代父母依赖专家的态度。我曾听老师说过，知识很容易学，但常识很难教。为什么普通常识如今一一变成专家的主张？老师对此有什么劝告？

几个月前，大女儿从车轮下捡回一只猫，瘦伶伶的小猫在她细心的照顾之下，日渐强壮可爱，有时候我也自愿帮她照顾一两天。这只猫喜欢人家抱，晚上也习惯依偎在被窝睡觉。我因为很久以前看过画家赵二呆先生的一篇文章，回忆他童年时曾把心爱的小鸡放在被窝里同睡，晨起发现小鸡被自己压扁时的伤心，所以对于猫睡在床上深感压力很大。

我感觉小猫是懂得听话的，就在房间的一张高背沙发上帮它铺了一条浴巾，另一头放一只女儿小时候玩的小熊，我很仔细地跟猫咪解释，它得睡在自己的地方，不可以来我的床上睡觉，就这样，只要留宿的夜里，它都能乖乖地睡在沙发上。有一天，早上四点多，它见我起床要去洗手间，呼地从沙发上站直准备起身，但我摸摸它的头，跟它说："再睡一个钟头后才起床吃饭。"它躺下，又睡到窗外天光照进屋里，才跟着我起床。

当我跟女儿说起这些事，她们都大呼不可思议，接着就跟我抱怨，猫跟着她们的时候有多么调皮，半夜会起来啃她们的头发，在被里钻进钻出，在床上跳上跳下。最后，我的女儿们下了一个结论：这根本是不同的两只猫。

这句话听起来好熟悉，因为我也经常听到家长对我说，他们看到孩子跟我工作的样子，简直是"判若两人"，所以，我想请教洪兰老师几个问题。

我们受父母照顾时的美好体验，是最基本的教养参考

我发现自己照顾猫的观念与方式，与女儿们的都不同。她们是"照书"在养猫，很像今日的父母——小猫一天该吃多少？该吃什么？这个动作代表什么意思？那个举止又曾如何被分析？凡事都参照专家的说法，有点儿问题就要去"查查看"。而我用的是比较传统的方式——仔细观察猫咪的情况，也观察它每有调整之后的反应。

比如说，我觉得孩子给猫吃得不够，所以猫咪没有饱足，一见到食物就很馋，甚至想办法要偷吃炉上锅里的食物，所以我就给得比女儿多一点儿。我也视天气调整喂食的量，它看起来很舒服、很斯文，不像孩子们所形容的"贪"与"野"。

第一次要给猫洗澡时，我问女儿该怎么洗，她告诉我，书与网络上都说用浴盆洗，所以我们就照着别人提供的方法做，因为我从来没有为猫咪洗过澡。但整个过程中，我发现猫咪是非常紧

张的，尤其是水位高过它的肚胸时，猫咪的叫声听起来好凄惨无助。我立刻想到，也许这个水位所形成的压力对它来说是很不舒服的，所以下一次洗澡，我就不再用浴盆而直接开较柔水注的莲蓬头，而猫咪就很享受被冲洗的感觉。

当然，我并不是要谈养猫的经验，而是想跟老师讨论，"养育"的观念自古有之，依靠的是代代相传的经验与通过观察的修正，因此有其共同性也有个别性，世代的父母都是踏着前辈的经验与自己亲眼观察到的变化，并配合生活的条件而为孩子做出种种最有利的调整。曾几何时，教养却变成了一种必须通过学习才能具备的能力。

新一代的父母认为自己的不足是因为上一辈做得不够好，所以思图改进，但很可惜的是，他们太少回想受父母照顾时安定美好的部分，总觉得凡事都要学习才能去做，教养也必定有种种妙方。尤其在媒体与出版大力推行各式教养观念的今天，新手父母更习惯依赖专家，这种心情虽然可以理解，但只懂得这样做，是否反而忽略了常识的价值，在某些事情上绕道而行？

先理解孩子的不安与困难，别急着用病症来定义行为

我曾遇到几个上课前紧抓着母亲不放的孩子，当母亲用各种方法都劝慰不了他们的哭闹时，我通常只是交一个托盘、一份具体任务给孩子，孩子就在还没来得及擦干眼泪前开始工作了。我认为孩子的不安，是不知道自己在新的环境中要做什么、会发生

什么事，因此我建议不要靠言语安慰他们，用实际的事或物来转移注意力更有效。

但我也发现，有时候比较难安顿的是母亲本身，她们不肯离开，也不相信自己的孩子在短短的几秒之间可以改变心情。我曾遇到过一个妈妈，所有的家长都离开了，她却不肯走，很坚持她的孩子有严重的"分别焦虑症"。其实，当时孩子已情绪稳定地开始工作了，却在母亲坚持要再度道别后又哭哭啼啼起来，续演另一场肝肠寸断的亲子分别。

经历过几个同样状况的孩子之后，我开始对父母宣称他们的孩子有"分别焦虑症"而感到很好奇。有一次我与一位在大学教音乐的朋友谈起时，她说去年曾经带一组学音乐的大学生去欧洲游学，团中插了一个小学六年级的孩子。母亲来机场送别时，孩子与妈妈泪洒机场的难分难舍让她十分担忧，所以上飞机之后就让孩子坐在她身边，没想到这个小朋友开心地对大家说："这将会是我最快乐、最自由的两个星期。"

我的朋友觉得非常不可思议，于是问那个孩子："你刚刚在机场不是很舍不得离开妈妈吗？"孩子说："我妈妈都哭成那个样子了，不陪她一下怎么好意思！"

我所遇到的小朋友还很小，心思不至于如此复杂，但如果他们每到一个地方，母亲都先告诫说"你不要害怕！你要勇敢"，或不断交代"不要担心，妈妈会在外面"，这是否在无意中加强了分别的恐惧，或让孩子误以为"难以割舍"是受妈妈喜欢的一种表现？

我认为现代父母应该更自然地看待孩子成长过程中的困难与

适应，不要因为有些现象被称为"症"而觉得找到了问题的根源，从而紧抓着不放，也不要对于这种症状万一处理不当会产生如何可怕的后果担心不已。

洪兰老师会给父母什么样的建议呢？遇到多大的问题应该寻求专家帮助，但又如何不让依赖专家的迷思阻碍了常识的运行？如果上网寻找数据，又要如何避免道听途说而能找到可靠的参考？

Answer
给Bubu的回应

每个孩子都不一样，严格执行教条养育的孩子反而难带

看到Bubu老师说，我曾经说过知识很容易学，常识却很难教，真的是如此，许多老师最感到挫折的就是这一点。好比记者在火灾现场追着苦主问："你父母都被烧死了，你有什么感觉？"不知道有多少人都会骂在这种场合问这种问题是白痴、不懂人情世故、没有大脑……但在电视上总还是不时看到记者这样问。前几天，我又看到记者问一个颜面烧伤的人："你的面孔毁了，你有什么感觉？"我就跟同事说，以后中午吃饭，找个没有电视的餐厅吧！免得气到吃不下饭。没有常识最大的问题是，他不认为自己没有常识，还是我行我素，再多的忠告也进不了他的耳朵，改不了他的行为。

我最常听到学生辩白，说他这样做是"书上讲的"，意指他是

照着书上专家讲的话去做，怎么会出错？他没想到情境不同、文化不同、国情不同，人的反应也会不同。难怪老一辈的人会说："尽信书不如无书。"我遇到过很多家长按照育婴手册，一字不改、照单全收地强制执行书上的育儿方法，时间未到不给婴儿吃奶，因为书上说四小时吃一次，这样严格执行教条养育的孩子反而很难带，整天哭个不停。

其实孩子的喜怒哀乐都显现在脸上，他们还没学会隐藏，所以你可以依他目前的心情，用不同的方法教导他正确行为的方式。孩子最怕你叫他过来坐在椅子上，听你训话，孩子看到要挨训，逃都来不及了。我曾有小学同学穿着拖鞋就逃到我家来，因为他母亲要开训，他说连他爸都逃走了。我母亲的方法则是，每天衣服收进来后，她会先把每个人的衣物分送到不同房间，然后开始折衣服，这时她会说教，先从谁的衣服破了讲起，讲到一丝一缕得来不易，再陆续说到谁的不对。因为这过程是平和的，而且她没有指名道姓，但做错事的人心中都知道，告诉自己下次要改进。

有时听到别家的父母在骂："给你讲了一百次，为什么你都不听？"我都会私下想，会不会是你讲的方式不对，孩子不能接受呢？讲了三次他不听，还用同样的方式讲上一百遍，那不是浪费你自己的时间和力气吗？

每个孩子不一样，教诲的方式也不同。对很爱面子的孩子来说，一定要私下规过，最好是如我母亲那样不着痕迹地说教。孩子都不笨，真的不必指名道姓，他才知道你在骂他。至于骂人不带脏字，中国一向很钦佩这种人，这是学问好、修养好才做得到的。只要是人都在乎面子，所谓"人不要脸，天下无敌"，绝对不要让孩子在公众场所丢脸，一个自重的孩子才会自爱。

一窝蜂相信专家的言论，也是一种社会的隐忧

或许我们从小接受的都是威权教育，对大人讲的话不敢质疑，在美国，学生最喜欢问的是："你怎么知道？"你就得举出证据说服他，这也养成我凡事要求证据的习惯，常被朋友骂我不相信他。其实不是不相信，而是他陈述的故事可能有别的解释，这是做科学的人的习惯——从众多可能性中找出最能解释这个现象的说法。

许多科学家被称为专家，其实这个名词是美化了科学家，因为他可能只有在自己专精的领域是专家，在其他领域反而不如一般老百姓。因为人的精力有限，所有时间都投入某个领域时，其他领域一定会有疏失。我对一窝蜂相信专家讲的话这一现象其实很忧心，很多时候，电视上穿白袍的人不一定是医生，他可能是个演员，只是租了一件白袍穿；而且即便是专家，你也只能相信他专业的那一块知识，人不可能各个领域都精通（这种人不是没有，只是很少，我曾碰过几个"中研院"的老院士，他们真的是博古通今，任何领域聊起来都头头是道，使听的人如沐春风。只是现在这种人越来越少了，肯像以前的读书人那样心无旁骛、一心下苦功钻研学问的人大都过去了，实是可惜之事）。现在每天上电视的名嘴，虽然主持人也介绍他是某某专家，但我们听了他的胡说八道后都替他心虚，不知他等会儿怎么圆谎。

不要让你的孩子成为验证别人理论的白老鼠

关于Bubu老师说的那些个案，我觉得父母应把时间花在上网查证最新数据，增加自己对这种病的知识来帮助孩子，这会比带着孩子到处求医（甚至求神拜佛，希望用神力来解除孩子的困扰）还更有效。电影《罗伦佐的油》（Lorenzo's Oil）就是个很好的例子。罗伦佐的父亲在医生无法帮助他的孩子之后，每天上图书馆查数据，最后找出了孩子的病因，知道原因就容易对症下药了，他虽然来不及救自己的孩子，却救了很多有同样情况的人。我们在医学院每学期都会放一次这部电影，这证明了只要有心，天下无难事，一个不用心的医生反而不及一个全心投入的父亲，让人每次看每次汗颜。

另一本关于妥瑞氏症（Tourette Syndrome）的书则是《站在学生前面》（Standing in front of the Class），作者的母亲发现了孩子会动个不停的原因之后，不但教育老师，也教育了很多其他的家长，使他们接受有疾病的孩子，因为这不是孩子的错。最后，她的儿子成为美国的优良教师，还被总统召见。

有的时候求人不如求己，现在有网络，信息公开了，对于别人讲的话，先用反证法去想一下合不合理，再上网去求证细节，不要让你的孩子成为验证别人理论的白老鼠。不是不可信专家，而是要有程度、有理智地去相信，在让孩子吃药或接受重大治疗前，请先上网查证一下，或至少找第二个专家问一问，我们是孩子的监护人，有监督和保护他的责任，不要把这责任推到专家身上去。

面对网络上庞杂的信息，大人必须有基本知识和普通常识，也要有独立思考的能力，用逻辑性的方法去判断别人给的信息是否合理。例如坊间一直有人说："我们只用到百分之十的大脑。"这是很不可能的，因为大脑只有三磅，占我们体重的百分之二，却用掉身体百分之二十的能源，它是身体燃烧葡萄糖最多的地方，如果身体的氧和养分不够，则是各器官先关掉，把资源全都送到这里来让大脑使用，当它用掉的能源是本身重量的十倍时，不可能只被使用了百分之十。如果再去追一下是谁最早这样说的，便会发现这只是广告词。又因为大人的观念影响孩子的幸福，我们要鼓励大人自己必须不断地进修与阅读，这同时也会给孩子树立一个好榜样，一举数得。

在第一时间照顾孩子的安全感

如何发现、安抚孩子的恐惧和担忧?

Bubu老师

- 儿童因为表达能力还不够,常常不能详细而有条理地说明他们的需要和担心,对父母来说不可能有的问题,却经常是孩子的严重困扰。

- 试着理解并尊重孩子的感受非常重要,成人要维持高度的敏感,在重要的时刻做出正确的决定,建立让孩子感受到安全并投以信任的生活氛围。

洪兰老师

- 在第一时间帮助孩子的重要性是,在那个当下孩子是无助的,你若能好好听他讲出原委,了解他行为背后的原因,把对错分析给他听,教他应对的方法,他会听进去。

- 最主要是"有人关心我"的这种感觉会减少他受委屈的痛苦,并且对你感激一辈子。

请问洪兰老师

精神不受威胁，是每个孩子在成长时应受的保护

无论是忆及自己的童年成长、成为母亲照顾两个女儿的阶段，还是现在每个月与他人的孩子相处时，我总是花最多时间在处理孩子身心两方面的"安全"问题上。在我的认知中，安全是人生快乐的基础。

记得之前看到老师描写的以下这段文字时，心中升起了好多有关孩子"安全感"的问题，希望能接续您父亲当时的思考继续来讨论——

小时候，我家学区属于东门小学，可以走路上学，但是在上学第一天，我就被老师打，父亲立刻把我转到女师附小，甘愿每天骑脚踏车送我去上学，因为他担心我会害怕老师而恐惧学习。现在很多家长未能在第一时间处理孩子对老师或上学的恐惧，而造成后来的学习障碍，是件很可惜的事。

身体不受侵犯与精神不受威胁，是每个孩子在成长时应受的保护。我认为身体的安全因为比较具体，而相对容易照顾；但要经营出一个让孩子在心情上感受得到的安全并投以信任的生活氛围，

成人则必须维持高度的敏感。其中，"觉察问题"与"判断影响"已经不容易，更何况要与您的父亲一样，在最重要的时候，做出最正确的决定。

不要随便取笑孩子，更不要以自己的标准来断定玩笑的意义

您在文字里提及，"现在很多家长未能在第一时间处理孩子对老师或上学的恐惧"，"第一时间"所代表的关怀意义与有效性，最值得重视。有位家长来找我，说自己的孩子很"经不起玩笑"，别人无心的话，在他听来却十分严重。我问她何以断定孩子在学校所受的委屈只是同学"无心"的取笑，这位妈妈说有时家人的玩笑也会惹恼这个孩子。我建议她不要随便取笑孩子，更不要以自己的标准来断定玩笑的意义，每个人的敏感之处都不一样，试着理解并尊重孩子的感受非常重要。

我记得自己童年时也会对一些玩笑难以接受，甚至对他人的嘲笑至今还耿耿于怀，但成为大人后，我在面对孩子时还是犯了几次类似的错。当我看到因为自己轻忽而造成的反应之后，便更懂得尊重孩子感受的意义。

今年暑假过后，我曾对一个孩子说："这几个月你长高好多哦！"那孩子突然提高嗓门，激动地连声喊叫："我知道我很矮！我知道我很矮！"她这么激动吓了我一大跳，但后来仔细想了想，我能理解她有这么过度的反应或许因为身形太娇小而有的压力。在外表美充满制式标准的环境中，多数孩子都饱受外表的议论，即使

我的话中没有任何恶意，但对她仍然是烦人的干扰。有个五年级的小朋友就曾因身高较矮而骗我说她是三年级的，回家后觉得很不安，写信跟我坦白，说自己是因为受了同学取笑而自卑。对我们来说不可能有的问题，却经常是孩子的严重困扰。

另有一次，我带一年级的小朋友做面包，有个孩子看到面团时，调皮地握拳作势要打扁那个面团，可爱的样子刚好被拍到，我看了大笑，就把这张照片选入课堂的工作记录播放文件。下一个月上课时，孩子们看到自己认真工作的模样，个个都显得很高兴，但这张被我视为可爱的照片一出现，那位小朋友却惊讶得眼泪差点儿夺眶而出，她脸上久久不去的尴尬，使我非常惭愧。我因为不够谨慎，错误地处理了"可爱"的意义，没有以孩子的感受来设想。

孩子害怕的根源，要及时了解才能有效处理

那位担心自己孩子太敏感的母亲在一个星期后又来找我，她说孩子晚上总睡不好，经常做噩梦，她不知道应该狠下心来"训练"这个一向比较胆小的小男生，还是应该陪他，让他好好睡一觉。

我跟妈妈说，他现在才小学二年级，有很多事自己还处理不来，先了解他的难处，再慢慢教导。儿童因为表达能力还不够，常常不能详细而有条理地说明他们的需要和担心，所以我们得主动以观察来表达体谅。一个人常做噩梦，代表有恐惧与担心，如果只对他呐喊"要勇敢一点儿"，或逼他自己睡以训练胆量，无法有效解决问题。

成人不能让孩子觉得无助，如果是我，我会愿意陪他一下，先解决他的睡眠质量问题，再同时去寻找孩子害怕的根源。我跟她讲了一个例子，我的大女儿上六年级时，有一阵子很怕去洗澡，当我第一次看到她进浴室洗澡的速度完全不对劲时，便立刻去了解其中的原因。原来，他们的课堂上正在读阿加莎·克里斯蒂（Agatha Christie）的推理小说，而当时家里的浴室正是使用故事中提到的浴帘，这让她怕得要命，但又不敢说。当我主动跟她讨论后，虽然问题一时并未解决，却帮助她把既害怕小说情节又怕洗澡敷衍了事受责备的威胁解除了一半。隔天我也去学校找老师，与老师讨论孩子害怕的事，老师很快安排帮她换了指定读本，问题在最短的时间里就得到了处理。

成人不能让孩子觉得无助，要与他们一起面对恐惧

　　对于这个小男孩的害怕，父母并没有进行深入的了解。又过了将近一个月，孩子在学校被另一个同学挥了一掌，回家却没有告诉父母，而是由在场的导师打电话询问，妈妈才知道。奇怪的是，亲师两方当时也未做任何处理。事隔几天，打人的孩子的父母却告到学校来了，因为他们在孩子的书包中找到一封诅咒信，信是被打的这个孩子与另一个孩子合写的，信中说："……你再来打啊！再来啊！……星期四你就会死……"

　　事情发展至此，所有成人的惊骇全都转移到"你就会死"的诅咒之上。写信这一方的家长讶异、难过于自己的孩子何以做出

这样的事，另一方家长则暴怒自己的孩子怎能被诅咒。全班孩子的父母虽几度会议，但得到的结论也只是："父母都太忙，疏于管教这个孩子，所以他习惯打人。"不过因为他的父母很难缠，连学校老师都"头痛"了，大家都不知道该如何处理。

我觉得这些事全是有迹可循的，从做噩梦、被打不说，到写诅咒信，一次次让我们看到孩子面对自己无力控制的问题时所承受的精神威胁，也看到他们并不信任成人会与他们一起面对恐惧，所以采用了被我们视为幼稚的方式来解决。当我听到"你再来打我啊！"这种无奈的挑衅时，非常舍不得，可以想象这个孩子在情感上的孤立无助！

我想请洪兰老师以这个实例，谈谈"第一时间"处理教养问题的重要。看见孩子被打的老师，与接到电话的父母，是否在第一时间都错失了各自该做的事？

Answer
给Bubu的回应

安全感是成长的必要条件，也是快乐的基础

安全感是孩子成长的必要条件，也是快乐的基础。我父亲常说："平生不做亏心事，半夜敲门心不惊。""心不安时，山珍海味如同嚼蜡。"他要我们"晚食以当肉，安步以当车，无罪以当贵，归真

返璞,终身不辱"。所以经营之神松下幸之助的太太松下梅野在《神的妻子》(松下幸之助被称为"经营之神",所以他太太被称为"神的妻子")一书中说道:"所谓辛苦是指内心的煎熬。没有东西、没有钱并不痛苦,是难关,只要有希望就不觉得辛苦,心的平静是幸福的根源。"这种平静来自安全感,也就是小罗斯福所谓的"免于恐惧的自由"。

研究发现,孩子需要在安全的环境中表达情绪,假如他表达情绪的后果是挨打被罚,这股情绪就会被压抑下去,往后再以别的方式爆发出来,例如青春期的叛逆行为。很多孩子在外面被欺负了、勒索了、挨打了,回家不敢讲,因为他过去的经验是告诉妈妈"老师打我",大人就会说"老师为什么打你不打别人? 一定是你不好",然后不分青红皂白再打一顿。从此以后,孩子不论在外面受了什么委屈都不会回家讲。这种缺乏安全感,觉得没有人在乎他、关心他的孩子,以后很容易出现反社会行为;那些受了委屈没有人出来安慰他、自己又没有能力报复的孩子,会用诅咒的方式从口头得到满足。家长有守护自己孩子的责任,这不是说要替他出气,而是要坐下来听他讲出原委,把对错分析给他听,并教他下次应对的方法。

开玩笑和幽默不同,可能造成创伤与霸凌

我自己不开别人玩笑,也不喜欢别人开我玩笑,因为玩笑如果开不好,会变成刻薄、讥笑、讽刺,人又何必去做损人不利己

的事呢？除非是很熟的朋友，你并不知道别人心中有什么创伤，人生没有十全十美，在成长的过程中都有一些不能面对或承受不起的创伤，"人怕伤心，树怕伤皮"。很多人搞不清开玩笑的底线，与其伤人不如不开玩笑；人可以嘲笑自己，但不能嘲笑别人。至于恶意的玩笑，像是捉弄，其实已经超越了玩笑的界限，初中生喜欢玩的"阿鲁巴"更是把快乐建立在别人的痛苦上，它的后遗症有时会毁了孩子的一生。嘲弄和阿鲁巴其实是霸凌，而且是残忍的霸凌。

开玩笑和幽默不同。开玩笑是捉弄，而且通常是捉弄别人；幽默则是四两拨千斤，化解尴尬或危机，对象通常是自己。美国里根总统被刺，要被送进手术室前，对他的太太南希说："亲爱的，我忘记蹲下来了。"（I forgot to duck.）对替他开刀的医生说："我希望你们两位都是共和党员。"这是幽默，而且在中弹之后还能说出这种话来，这是勇气。但是嘲笑别人"长得很爱国""三好加一好"（四好，谐音是"死好"），那不是幽默。很不幸的是，很多人分不出这个差别，以为引别人发笑就是幽默，却没有考虑到对方听了之后的感觉，这是刻薄，没有口德。

我小时候台湾物资缺乏，很少有机会穿新衣，接收别人的衣服难免会不合身，常常会被取笑。我母亲就告诉我，衣服是保暖用的，只要干净没破，都是好衣服；父亲则说嘴长在别人脸上，你无法叫他不要说，但你可以不要听，当你不理他时，他一个人戏就唱不下去了。我爸教我在心里唱黄自的《热血》，因为那首歌很亢奋，唱的时候你会微笑、精神振作；当你微笑着面对嘲笑你的人，他一定无计可施，只好走开。他没有达到羞辱你、使你生气的目的，他就输了。

父亲教我的方法果然好用，你不生气、不理他，他自讨没趣，下次就不会来捉弄你了；你越激烈反应，他兴致越高。所以在问题发生的第一时间，父母要聆听，用你的智慧和经验帮助孩子解决问题，不要让雪球越滚越大，免得日后无法收拾。

孩子之间的霸凌问题，一定要第一时间处理

对于孩子在学校遭受霸凌，父母亲一定要在第一时间教孩子如何处理，不能放任他受苦，叫他忍受，因为这会使孩子恐惧上学，无心学习，成绩一落千丈。（有个孩子告诉我，他上课时最怕后面的人敲他的背，因为那会送来勒索的纸条，上面写着："昨天跟你说的三百元准备好了吗？下课厕所见。"）若是孩子没来由地成绩下降，老师、家长一定要细问，而且不能用法官办案的口气质问他，要态度和蔼，当孩子不害怕会挨打，放下心来，才会原原本本地告诉你。

我在做犯罪实验时，接触到很多少年犯，问起来很多都是先被别人欺负，但老师、父母没有出来为他伸张正义，他因为不敢去惹比他大的，就把怒气发泄在弱小无助者或猫狗等动物身上，这种孩子是可恨又可怜的。在第一时间帮助孩子的重要性是，在那个当下孩子是无助的，你若能蹲下来从他的角度看事情，了解他行为背后的原因，并且为他分析这个行为的后果，他会听进去；

最主要是"有人关心我"的这种感觉会减少他受委屈的痛苦，并且对你感激一辈子。

看到孩子被打的老师，一定要在第一时间站出来保护孩子；接到电话的父母亲，一定要在第一时间弄清原委。千万不要打孩子给别人看，我非常不齿这样的父母，弄清事实后教育孩子，有则改之，无则勉之，教孩子不要置身是非之地，瓜田不纳履，李下不整冠，君子防患于未然。不要以为这是老套，或是孩子听不懂，这些话是我小学二年级时父亲告诉我的，他不低估我的能力，我也没有辜负他教导的期望，最主要的是通过教导，我学会了如何保护自己。人不是生而知之的，请大人务必耐心教导孩子。

轻易吓唬孩子，会留下影响深远的阴影

说到噩梦，我非常反对父母或老师去吓孩子。曾经有一个初中老师在课堂上放十八层地狱的图片给学生看，让学生吓到晚上不敢出门，睡觉做噩梦；也有安亲班老师喜欢讲鬼故事，使学生害怕得紧紧抱在一起，不敢乱走动，结果孩子晚上不敢一个人睡，半夜不敢上厕所，对月圆恐惧，因为那是吸血鬼出来的时候……这种恐怖电影或故事引发的想象力非常可怕，甚至比原来的电影更恐怖，而且说实在话，连大人也会被吓到。

一九六〇年，导演希区柯克拍了一部恐怖片《惊魂记》（*Psycho*），剧情描述女主角玛丽莲在洗澡时被人格分裂的房东诺曼·贝茨杀害。电影上映后，很多女生不敢洗澡，过了四十年，

直到现在我一个人在家时，去洗澡还是会害怕。我家浴室有两道锁，我本来以为只有我一个人是这样，前阵子去美国借住在一个同学家，发现她家的浴室也有两道锁，问起来，才发现我们当年都看了那部电影。其实，我们都忘了故事内容，但恐怖的感觉还在，不知当时我大脑恐惧中心的杏仁核是活化到了什么地步，才会这样永久不忘。所以不要随意吓孩子，它的后效超越我们的想象，使我们后悔莫及。

学习的期望和目标，
都要配合孩子的能力

如何让孩子免除被评价的紧张？

Bubu老师

◆ 虽然每个人都不同，但在各个成长阶段，还是会有大致共同的成熟度可供参考。

◆ 孩子心理不够成熟却要求他太多，一定会使他紧张，这是高估；已有足够的体能却对他毫无要求，会造成懒散，这是一种低看。

◆ 父母应该考虑孩子的年龄，从自然的角度了解孩子的能力和成长，帮助他建立正确的态度。

洪兰老师

◆ 台湾孩子对于学习的感受从来不是喜悦，而是恐惧，每个人都觉得自己不够好，有辱父母的期望。

◆ 父母若能先调整自己的态度，放下对分数的执着，就会看到孩子的态度也跟着改变，自然会开朗起来。

◆ 父母请多多思考你希望孩子有个什么样的人生，观念正确了，行为就跟着改变了，结果也会不一样。

请问洪兰老师

让孩子相信，他的紧张与困难可以被了解

如果从孩子的感受来谈安全感，我看到现代儿童还经常要面对另一种紧张——承受太多评价的担忧。

即使在成人世界，沟通也经常产生误会，更不要说生活经验十分有限的孩子。他们很容易误解父母师长的意思。如果成人不能主动了解孩子的感受，让误解产生不良的后续影响，问题将会不断加大。孩子往往还不能正确地说出自己的感受或希望，所以，与他们相处的时候，除了仔细聆听之外，还要主动询问。我习惯把自己的了解拆解成具体的事项来反问他们，通过响应才能确认彼此的沟通是否顺畅。

有一天，我跟一年级的小朋友上课上到第五个小时，其中一个先前表现得很好的孩子突然在座位前低声啜泣。我去询问时，她说："这到底要怎么缝？"得到指导后，她还是缝不好，又过了半个钟头，她哭得比第一次更伤心，因为怕其他孩子对她感到好奇而耽误各自的工作进度，我牵着她的手到厨房去做点儿别的事。在厨房里，我问她为什么哭，她一句话也答不出来，所以我就开始投递自己的设想。

"你不想做？"

孩子摇摇头，眼泪继续掉。

"你怕做不好？"她哇的一声哭出来，用力地点点头。

我很快抱住她，跟她说："没有关系，没有关系，我们先不缝，现在我们去烘焙室帮大家做棒棒糖当点心。"带她走进烘焙室之后，我递了几根小木棒给她，告诉她每根木棒的间隔距离要怎么排，我也立刻开始煮糖霜。这本来不在课堂的计划之内，但我得随时准备好几种能够应变的方法，在孩子紧张的时候转移主题，但不停止上课。

我允许她先不缝，并不是要放弃教她。年龄太小的孩子被紧张与挫折袭击时，应对的方法不是哭就是闹，我更在意他们的不安。我先带她离开使她挫折的工作，转入另一个有具体作为的现场，孩子通常就会缓和一些。我想营造一种让孩子相信自己的困难可以被了解的气氛。

我经常看到大人坚持要在当下讨论孩子的问题，比如一定要他们说出自己的感受，却不考虑儿童的表达力够不够。如果先把他们从情绪中引领出来，就有机会建立新的心情来应对困难。

在孩子面临问题时，指责或掩护都不是有用的关心

有趣的是，当这个孩子眼中还带着泪水，但呼吸渐趋平稳之后，她一边帮我摆棒棒糖的木棍，心中对未完成的工作还担心不已。这次，她换了一个说法来表达自己的意思。摆木棍时，她嘀咕着说："我今天不想缝围裙，因为我们家已经有很多、很多了，

已经够用了。"

我了解她的意思，所以就先安慰她，等我们把棒棒糖都做好了，我再带她去上缝纫车。我说缝纫车很厉害，她试试看就知道了，围裙我们还是要缝的，但不用带回家，只要练习就好。她听完之后似乎安心了，不再对之后要继续的工作安排有任何意见。

我认为这孩子所担心的事，与其说是"会或不会"，不如说是担心回家后父母会通过作品来认定她这一天的学习"够不够好"或"认不认真"，所以，如果功课不用带回家，她心里就轻松一点儿。在我的课堂中，也遇过有些孩子会在课后把作品藏起来或偷偷丢在垃圾桶中，但他们在上课时并不害怕我去察看进度，所以我推想他们怕的是父母。我很想提醒父母一件事：当孩子对于功课这么紧张，就应该去了解是自己关心过度了，还是孩子误会父母的意思了。

我也经常注意父母与小朋友之间的互动，包括他们询问孩子的语言与提问的重点。我的结论是，有些父母应该更严一些，有些父母则要放松一点儿。其间的"松"与"紧"，应该要考虑孩子的年龄。虽然每个人都不同，但在各个成长阶段，还是会有大致共同的成熟度可供参考。孩子心理不够成熟却要求他太多，一定会使他紧张，这是高估；已经有足够的体能却对他毫无要求，会造成懒散，这是一种低看：两者对孩子都不好。

比如说，一年级的小朋友如果已经专心工作了四个小时，她一定是累的，如果下课想要妈妈抱一下以求安慰，这并非是依赖，母亲不用为此担心，但我看到有位妈妈就把孩子推到一边，要她好好站直。另一个情况是，有个六年级的孩子懒洋洋地不肯做任何收拾的工作，当我提醒孩子下一次自己的劳务不能由同伴承担时，母亲却在孩子面前替她说话："她其实是有心要做的，只是体力不好。"

父母当然要关心孩子的学习，但如果关心的不是过程，不是从自然的角度了解他们的能力成长，并帮助建立正确的态度，而只是从作品、分数给予批评，或在孩子面临问题时选择指责或刻意掩护，这对孩子都不算是有帮助的关心。

细心观察后所伸出的援手，才能获得孩子的信任

至于孩子因为过度受批评而产生的反应，我看到两种不同的典型。一是父母在的时候非常循规蹈矩、认真努力，但父母一不在就如脱缰野马，无视纪律的存在；另一是父母不在的时候学习比较自在，父母在场就显得畏缩或没精打采、意兴阑珊。

请问洪兰老师会怎么分析这两种不同的反应？父母又要如何在已见到的实况中调整自己的态度？如果家长的反应带给孩子某种误解或压力时，亲师之间是否应对此有更深切的讨论？

孩子当然要好好学习，但不能在父母师长的评价与检视下战战兢兢地学习。记得有一次我跟一位妈妈说，孩子今天表现得真好，妈妈对我点点头，也赞许地摸了摸孩子的头，最后却幽幽地答了一句："是很好啦！但还可以更好。"那一刻，小朋友的表情是难以形容的，既不是失望，也不是难过，而更近于惊慌与尴尬。

我很想跟父母说，如果想帮助孩子，要从他们正在烦扰的状况中着手才有用。他们的烦扰有时候是不知道自己的工作目标在哪里（这里所说的目标并非人生的目标，而是眼前要做的事到底是什么），有时候是没有足够的能力或技术去完成已知的目标，更有时候是不断担心自己的学习成果是否达到成人的期望。无论是哪一种，细心观察后所伸出的援手，才能获得孩子的信任，所谓的安全感也才会真正落实于生活中。

我一直试着要把对孩子的期望调整到能"配合"他们的能力，但把目标设定在足以"激发"他们学习热情的合理状况中，希望他们身处在一个对学习也有安全感的世界。

Answer
给Bubu的回应

承担太多父母的期待，让孩子活在罪恶感之中

Bubu老师谈到，台湾的孩子身上承担着太多父母的期待，成为另一种紧张，我有个例子，足可提供给父母反思。一个初三的男孩烧炭自杀未遂，父母希望我跟他谈一下，我问他："你父母对你那么好，妈妈早上五点起床，替你煮新鲜的饭、炒新鲜的菜，她怕你初三压力大，吃不下外面买的便当，也怕你营养不够均衡，天天自己做好便当,送你上学,你为什么还要自杀,让你父母伤心？"

他深深吸了一口气说:"我就是怕他们失望,觉得每天活在罪恶感之中,不如死了算了。"

原来他母亲经常跟他说:"我不要求你考一百分,你只要考九十五分,我就很满意了。"他其实很努力,但一直考不到九十分以上(他已经觉得自己笨、不是念书的料,在浪费父母用血汗赚来的补习费,辜负父母的牺牲了)。有天终于考了九十六分,他好高兴,冲回家给妈妈看数学考卷,想不到母亲不但没有奖励他,反而问他:"另外那四分到哪里去了?"他才知道,母亲嘴里不说,但要求的其实是满分。他说这就像跳高,每次跳不过,都把竿子踢下来,终于有一次跳过了,他正在高兴时,回头一看,跳高的竿子又升高了。他知道自己永远达不到母亲的期望,而自杀是他所看到对于目前情况唯一的解脱之道。

每天战战兢兢地学习,把孩子的志气和自信都耗光

其实台湾的孩子很多是在罪恶感之中长大的,每个人都觉得自己不够好、有辱父母的期望。我们对于学习的感受几乎不是喜悦,而是恐惧,害怕考坏会挨骂,总是战战兢兢地学习。我有个同学每次小考时(在台北市第一女子高级中学,那几乎是例行公事,没有一天不考)就会祷告:如果让我考一百分,我愿折三年的寿。我常劝她不要这样说,因为我帮她计算了一下,她早就欠阎罗王的寿命,欠到下辈子都还不清了。她无奈地说:"你不知道我妈'无声的眼泪'的威力。"难怪每次发成绩单,她都脸色苍白、手脚冰冷,

还鼓励我去读医，帮她找出不痛去死的方法。（这位同学现在在美国俄亥俄州立大学教书，过得很好，只是不知道她还记不记得当年念书的苦）

读书实在不该把孩子的志气和自信都耗光。Bubu老师说的安全感，我敢说在求学过程中，没有一个孩子有过。我很欣赏马友友的母亲，她说马友友从来不曾因大提琴拉得不好而挨打。因为打了他，他就会对大提琴恐惧；恐惧，他就不会摸它；不练习，怎么会成为大提琴家呢？人只有处于安全的环境，才会对学习产生兴趣；人只有在安全的环境中长大，身心才会平衡发展。

分数只是评量的一种方式，不是唯一，也不是最好的方式

Bubu老师提到两种不同类型的孩子：一是父母在的时候非常循规蹈矩、认真努力，但父母一不在就如脱缰野马；另一是父母不在的时候比较认真自在，父母一到就显得没精打采、意兴阑珊。第一种孩子是没有真正感受到学习的乐趣，也不明了学习的目的，他们是在应付，由于父母管得很严，常会挨打，为了避免皮肉遭殃，父母在时会循规蹈矩，做给父母看，但因心中并未认同学习，父母一不在就作乱了。英文有一句谚语："When the cat's away, the mice will play."（山中无老虎，猴子称大王。）大人一不在家，就大闹天宫了，这种是专做表面功夫的孩子、双面人，以后在职场会吃亏。所谓"骗得了一时，骗不了一世"，不要让孩子养成这种坏习惯。

另一种是父母不在时认真自在，父母一出现就没精打采，

64

这种孩子是跟父母的关系不好、沟通不良，既然我怎么做你都要嫌，我就什么都不做，让你没有借口挑剔毛病，所以对任何事都表现出意兴阑珊的态度，消极叛逆。孩子有这两种态度，父母都要检讨。

我们常说，没有人会使你不快乐，是你使自己不快乐，情绪是操之在己，不要每天问别人"什么时候会改变"，要问"我该怎么做来改变自己"。你的心态不一样，看事情的角度就会不一样，父母先调整自己的态度，你会看到孩子的态度也跟着改变。分数只是评量的一个方式，它不是唯一的方式，也不是最好的方式，父母老师若能放下对分数的执着，孩子自然会开朗起来。解铃还需系铃人，父母请多多思考你希望孩子的人生是个什么样的人生，观念正确了，行为就跟着改变了，结果也会不一样。

以爱为名所行的欺骗，
或许是更大的残忍

父母可以出于善意而欺瞒孩子吗？

Bubu老师

- 即使对大人来说，受骗都是非常可怕的经验，更何况对生活没有任何主导力量的孩子，如果他们经常受骗，结果一定会累积成多疑的性格，或转变为防避受难的说谎者。
- 善待孩子是所有成人应有的基本成熟，既为父母就有责任，无论在哪一个环境中，我们都应该尽力给孩子一个比较友善、真诚的生活。

洪兰老师

- 诚实是教养孩子最重要的原则，"爸妈从来没有骗过我"的信念，在他脑海中会变成"爸妈是可信任的"的观念。
- 父母离婚对孩子的伤害在于使他缺少安全感，如果一定要这么做，也请诚实地跟孩子解释，不要骗他，被欺骗大概是所有心灵伤害中最严重、烙痕最深的一种。

请问洪兰老师

建立于经验中的信任，比物质的允诺更重要

有位父亲送他的一对女儿来上课时，大女儿在门口突然停下脚步，回头问爸爸说："爸爸，等一下我上课的时候你要去哪里？"

我看到她们的爸爸低头跟孩子说话，话还未了，就听到提问的孩子仰起头对父亲喊了一声："骗子！"然后扭头往我这边走来。另一个原本紧跟在姐姐身旁、好可爱的小妹妹看了姐姐一眼之后，也学着喊了更大的一声"骗子"，而后急急迈着小跑步跟上姐姐。

那两声"骗子"让那位爸爸有些尴尬地朝我这边笑了笑，我对他点点头，希望他知道我了解他那一刻的无奈。

我想，那个爸爸未必在回答孩子的问话时说了什么不得了的谎话，但我们不得不承认，大人经常对孩子的反应有特定的预估，因此做了不必要的隐瞒。孩子多半是精明的，当他们转了一下脑筋，觉得这个说法不可信，于是就老实不客气地给父亲戴上一顶"骗子"的大帽子。

虽然每个成人都曾经是孩子，照理说应该非常了解孩子对现实的感受，但几乎是每一个成人都认为孩子无法接受事实，或孩子更喜欢与真实不相符合的说法，所以即使是很小的事，也习惯性地骗小孩。好比说，要出去半天却说："去一下马上就回来！"

明明是买给自己的东西，却骗说要送给朋友。有些父母也经常跟孩子说："不要怕，你老实跟妈妈说，我不会生气。"但每次听了孩子所吐的真言，却立刻动手打人。

即使对大人来说，受骗都是非常可怕的经验，更何况对生活并没有任何主导力量的孩子，如果他们经常受骗，结果一定会累积成多疑的性格，或转变为防避受难的说谎者。比如说，经常被诱说真话而受处罚的孩子，有了几次经验之后，就会开始以说谎来防患于未然。

父母因为读了曾子杀彘的故事，所以多数人都知道，允诺了孩子的事就要做到，但所谓的答应，还是比较集中于物质，答应买什么就一定会买，等等。我认为亲子之间的诚信问题，更重要的是物质之外、建立于经验之中的信任。最简单地说，不管是上学的接送还是参加活动，觉得无论如何一定要以自己所承诺的时间到达的父母，比例就不是非常高。我们常看到父母为自己的失信找理由做解释，在这种影响下的孩子只有两种选择：一种是追随父母，当一个习惯掩饰的人；另一种是讨厌父母的作为，翻转自己的日常经验，逆向学习当个诚实的人。

面对不真实的家庭，孩子会更加失望与无所适从

除了日常的生活经验之外，这几年我还遇到一些情感生变、面临离婚的父母，通常母亲们会为了要不要让孩子知道实情而非常彷徨痛苦。尤其有些孩子还很年幼，她们更是不知所措。父母离婚对孩子来

说当然是痛苦的，但如果已经面临这一问题的父母以爱为名，欺骗孩子或错认孩子对爱的需要，那或许是更大的残忍。

我有一对朋友，夫妻俩十几年来未曾在家中同住一房，也绝不通过说话进行沟通，但他们却认为自己已经为孩子做了最大的牺牲，努力地守住了一个家。更奇怪的是，他们还认为两个孩子直到现在仍然不知道他们的感情不好。他们的约定是，只要年幼的那个孩子进了大学，他们就签字离婚，各奔东西。

这几年，我看着两个孩子住在这种貌合神离、气氛诡异的家中，觉得孩子太可怜，几次劝他们要让孩子知道真相，但两人都不愿意。这期间，孩子陆续出了不少问题，有一次，在小学念书的老二上课上到一半，突然去撞墙。对于孩子的种种反应，我很心疼，但不意外，因为将心比心，如果我是这个家的孩子，我也不知道该怎么面对这么不真实的家庭，是跟父母配合一路把戏演完，还是为了要一个真实而跟他们抗争？

不要说是孩子，连人生经验丰富的大人，也无法接受被欺骗的失望。我有一个好朋友，去年在旅行途中遇到一对感情非常好的夫妻，无论这对中年夫妻彼此的默契还是两人形影不离的亲爱，都让我的朋友觉得是难忘的榜样，没想到回台湾不到一个星期，就听说两人签字离婚的消息。我的朋友说，她一想到整个事情的真相竟是如此，就忍不住哭了起来。我并不觉得五十五岁的她为这样的事而哭是多愁善感，正因为她善良如孩子，所以才无法接受一个星期前还浓情蜜意的夫妻，几天后竟结束婚姻的如戏之感吧！

一个孩子被爱与否，是来自他所感受到的事实

所有决定离婚的父母，都会带给孩子某种程度的伤害，不管父母双方自认做得有多好，孩子终究要面临因为父母离婚而失去家庭完整的事实，如果他们因此暂时失去安全感，应该也是很自然的事。有些父母因为自己感觉已做好所有的弥补，而希望孩子没有感受，这就太强他们所难了。我看到有些比较早熟的孩子，的确因为了解父母有这种期待，而学着用无所谓来隐藏真实的感受，这更可怜。一个孩子被爱与否，是来自他所感受到的事实，但大人却常常以为我们可以通过一种"说法"或"做法"来经营理想的爱。

我看到决定离婚的夫妻，多少对伴侣都心存某些埋怨，也很少有人不以儿女来作为表达埋怨的管道。如果能承认这种心态的正常，反而有助于彼此提醒：虽然婚姻结束，但各自为人父母的责任还在，善待孩子是所有成人应有的基本成熟，即使已决定离婚，如果孩子不是埋怨或谈判的筹码，而是诸多不同中唯一的共识，我们就不会欺负他们。

对于孩子，我最基本的想法是，既为父母就有责任，无论在哪一个环境中，我们都应该尽自己的力量，给孩子一个比较友善、真诚的生活！洪兰老师应该也经常会遇到家长请教您可不可以因为善意而欺瞒孩子吧？您会怎么看待这些问题的影响呢？

Answer
给Bubu的回应

孩子是骗不得的，别让欺瞒抹杀了孩子对你的尊敬

诚实是教养孩子最重要的原则。因为诚信像堆积木一样，一块一块累积起来，成为世人对我们的看法。但是它也非常不稳当，只要一块积木放歪，就会整个倒下来，前功尽弃。许多父母忽略了诚信的重要性，常用没有时间解释理由给孩子听作为借口，或是以为他们年纪还小听不懂，便用骗的方式，殊不知孩子是骗不得的。哪怕是生死大事，都要诚实地对孩子说，因为他现在虽然不懂，但是有一天会懂，而且被骗的感觉非常不好。"母亲从来没有骗过我"这个信念，在他脑海中会变成"母亲是可信任的"的观念，以后母亲说什么他都会马上做，因为"我妈妈从来没有骗过我"。

这一点很重要，我们不会听自己不尊敬的人的话，许多孩子会叛逆，就是父母在他心中失去了受尊敬的地位，而诚信可说是赢得孩子尊敬最重要的原则。

很多父母经常不解，每次跟孩子讲："你只要诚实告诉我，我一定不生气。"但孩子每每还是要骗他。我问他："孩子诚实告诉你时，你有没有打他？"他说："有。"这就是原因了，孩子不是傻瓜，上过一次当，下次就绝对不再相信父母的"坦白从宽"。其实，人

不喜欢说谎，孩子骗你，他自己也不好过，因为我们从实验上看到人性是本善的，人喜欢说真话，说谎时，大脑的厌恶中心会活化起来。所以宾州州立大学的研究才会指出，孩子说谎其实是被父母逼的，他怕挨打，只好出此下策。

离婚的选择只是个开始，圆满地完成它才是目标

至于离婚，不管过程再怎么友善，对孩子都是很大的伤害。离婚是非常私人的事，别人无法置喙，不过有个观念很重要："选择只是个开始，圆满地完成它才是目标。"结婚是个承诺，承诺就要忠诚，人要为自己的选择负责，自己种因，自己受果。如果已有了孩子，那么父母对孩子有抚养的责任，因为是你把他带到这个世界来的。人没有十全十美，自己本身也有毛病，所以不要尽挑配偶的毛病，林则徐说得好："是我的错，我气什么？不是我的错，我为什么要生气？"中国人一向劝和不劝离，除了对方有暴力、毒和赌这种难戒的恶习（这种一定劝离，因为积习难改），一般都劝当事人想办法用欣赏的眼光去看对方，毕竟自己当年千挑万选才找到的对象，总是有些道理在里面，再换一个人不见得就好。

离婚对孩子的伤害在于使其缺少安全感。研究发现，动物幼小时候都长得很可爱，因为它们没有自卫的能力，要靠大人来保护，这是演化出来的结果。一九六二年诺贝尔文学奖得主约翰·斯坦贝克（John Steinbeck）说："孩子最大的恐惧是没有人爱。"有时父母心情不好，会跟孩子说"我不要你了"，孩子听到都非常

恐惧；我们常看到孩子哭得一脸鼻涕，躺在地上耍赖，一看见妈妈转身要走开，会立刻要妈妈抱、要妈妈亲他，他要确定母亲还爱他。正向心理学大师马丁·塞利格曼（Martin Seligman）离婚时，他儿子五岁，每次他去接孩子度周末，孩子都问他："你明天会不会再跟妈妈结婚？"听了实在令人难过。

父母应该尽自己的力量，给孩子一个温暖的家，让他在安全、和谐、真诚的环境中长大。研究发现，这与孩子长大后人格的形成以及遭遇挫折时的反弹力有很大的关系。如果一定要离婚，也请诚实地跟孩子解释，不要骗他，被骗和被背叛大概是所有心灵伤害中最严重、烙痕最深的一种。忠诚是做人的基本，己所不欲，勿施于人，请尊重自己，也尊重你的配偶及孩子。

换一个新思路去谈原生家庭

对于原生家庭，在反思与责备之外，我们如何超越？

Bubu老师

- 一个人可以学着去回想原生家庭给予的良好影响，使它们能继续下去。
- 对于原生家庭不好的部分，也许不必过度分析，而把它当成一种借镜，一种可以修正的机会和向前的力量就好了。
- 我们应该从自己开始有所作为，创造新的影响力。

洪兰老师

- 习以为常地责怪原生家庭，越怪越有理，其实自己就越陷越深了。
- 只要父母亲关心孩子，尽心尽力，就算他们能给的物质条件非常差，也是好的父母亲。
- 人生没有十全十美，形塑我们的不是经验，而是回应经验的方式。

请问洪兰老师

跳出思想困境，让原生家庭成为机会和力量

面对教育的困难时，有不少人倾向于回溯原生家庭，主张寻找问题的根源，才能改善问题，有人甚至觉得，这些困难必须寻求专业医师的帮助才能解决。

我其实反对花太多时间去回溯原生家庭的种种不好。这种方法表面上看起来合理——是一个想要找到问题根源从而彻底解决问题的方法，但事实上，很多人因此更沉溺于这些情绪当中。而且，我们也不应该把过去的各种教养条件放在今天的环境中放大审视。

我觉得一个人可以学着去回想原生家庭给予的良好影响，使它们能继续下去；至于不好的部分，也许不必过度分析，而把它当成一种借镜，一种可以修正的机会和向前的力量就好了。

我想起明末清初的文学家李笠翁写过的一首词，既骂了，又鼓励了他的孩子。他的意思是——不要躲、不要找借口，要超越自己的原生家庭。他用"避、娇、羞"来形容自己孩子不够长进，又告诉他们，不要以为父代的成就是子代的压力，自己要成器，就得一步一踏实。我很喜欢他用"莫道班门难弄斧，正是雷门堪击鼓。"来做比喻和帮助孩子。

另外，我不赞成太关注这种回溯是因为时过境迁之后，情绪

的夸张性和渲染性对自己并没有好处。有人几乎以小说的手法在回忆自己的童年，我觉得看起来很"恐怖"！这让我想起很久前《读者文摘》的一篇文章，作者是一个酒鬼的孩子，那样的家庭当然因此一团糟。他说，当他是中学生时，身边的人都预测他将来必定也会变成一个酒鬼，因此要给他做各种心理辅导。但这个孩子拒绝了，他反问自己，为什么我一定会变成这样？我是我，我有能力不变成那样的人。

所以，这种正向及清醒的头脑可以帮助大家了解，如果你要把自己的过错跟软弱归到原生家庭，只会更难为自己创造美好的人生。

老师经常说："没有一个地牢比心牢更幽暗，没有一个狱卒比自己更严厉，是自己使自己过不去，不是别人。"对于原生家庭所带来的痛苦记忆或不良影响，我们应该从自己开始有所作为，创造新的影响力，使下一代回顾时，想到他们有一个非常好的原生家庭，那就很足够了。

我在您的书里读过打破盘子这个故事，您在美国的指导教授虽然家庭清苦，却运用了"人"的力量，把不完美变成完美，而一个缺角盘也因为父母的智慧联络了家庭情感，还建立了一种属于这个家庭的传统。

老师的意思是告诉我们，现在大家生活好多了，我们应该学习当个比较幽默的父母，从正向的角度解决问题，是吧！

给Bubu的回应

放下责备与内耗，直面人生的不完美

二十世纪八十年代，美国有一阵子的社会氛围好恐怖，大家非常热衷于心理治疗，还有催眠、回归。找出一大堆原因，例如，原来自己今天会害怕是因为小时候挨打。

那个时候，多数小朋友会挨打的！但很多挨打的人并没有因此倒下去。自己不够强，不能只怪别人使我们变成如此。也有些孩子觉得父母亲的阴影使他不能正常成长，例如：我爸爸很有名，所以我被盛名所遮。我想，如果真是爸爸很有名，他其实应该跑得更快、飞得更高，但自己不成才就没办法了。不要把箭头都指在别人身上，我不太赞成谈原生家庭时会有这类的讲法。

我觉得一定要矫正这个观念，因为很多人真的已经习以为常，不停责怪，越怪越有理，其实自己就越陷越深了。

没有人的父母是十全十美的，只要父母亲关心孩子，就算他们能给的物质条件非常差，但在条件上已尽心尽力，就是好的父母亲。现在大家在讨论原生家庭不够好时，有些人找到的问题感觉像借口，好像一个人今天之所以成为这样的人，是因为原生家庭不好所造成的，但一个人成不了才却提出许多原因，这些原因可能都是借口，说实在的，有些话是被"鼓励"出来的，因为被"鼓励"回去挖掘"为什么会变成这样"，挖来挖去，找出的原因都可能是责备——原来是妈妈不好、原来是爸爸不好。

人在成长过程里，不只没有人十全十美，而且家家有本难念的经。在别人眼中很完美的家庭，家里往往也是有问题的，所以人碰到问题应该去解决，而不是怪罪家庭。

今年清华还是北大有个学生，爸爸是精神病人，妈妈瘫痪，家里穷得什么都没有，可是他考上那么好的学校。别人问他，家里这样，为什么你不自卑？他问：为什么你们认为我该自卑呢？我爸爸虽然精神分裂，可是他清醒的时候对我很好。我母亲虽然躺在床上，可是我觉得她很爱护我，他又说：我所感知的生活，都是别人对我的好、对我的爱，怎么会自卑？

可是你看，所有的记者去采访时，问的都是家里的穷为什么不使他自卑，正是这些话背后的观念有问题，好像在说——如果你不是生在一个爸爸很有钱、妈妈很漂亮的家里，你就该自卑。

在我们成长的穷苦岁月里，父母亲不是不爱孩子，而是物质极端缺乏时，没有精力去照顾孩子，更不要说思考孩子的心理创伤。存在以前的父母会拿孩子出气这种情况，但他们也许不是故意的，而是因为经济的压力使他们对生活中的意外无法释怀。

事实上，人的心态决定人的命运，一个大石头，顶在头上，你感到灭顶，但是把它踩在脚下，你就冒出水面了。古希腊哲学家伊壁鸠鲁说："带来痛苦不是事件本身，而是我们对事件的看法。"其实人生真的没有十全十美，形塑我们的不是经验，而是我们回应经验的方式，痛苦虽是必然的，但是要不要受苦却是自己可以选择的。

Part 2

好好生活
就是教育

很多家长都承认孩子有时在家与在外会判若两人，如果有这样的状况，最需要检讨的是建立价值观的方式。

生活必须与教育一致，否则起不了教育作用；身心的照顾、人品的建立、礼貌的教养、服务精神的培育，本应由内而外才能根深蒂固。

我们应该重视经由日常生活自然内化的教育过程，让孩子从生活的常规事务、细微的举止言谈、家人的尊重互助，循序渐进地学习自我管理、善待他人，而后再服务小区、社会。

起居有时，养成正确的生活价值观

如何使孩子的身心得到完整的休息？

Bubu老师

◆ 训练动物会以食物或抚慰作为奖励，现在的父母也像驯兽师，因为某些娱乐的花费不高，所以会被父母没有限制地拿来作为孩子平日辛苦上学的补偿。

◆ 应该调整孩子上学日时间安排的挤压，而不是用周末两天的过度放松来弥补周间五天的辛苦。

◆ 凡事必有犒赏是一种功利的教育方式，很难教会孩子珍惜自己。

洪兰老师

◆ 咖啡或提神饮料的效果只是使眼睛睁开，大脑内部是停摆的，让人很累又睡不着，反而难受。

◆ 在孩子显得没有精神时，应该叫他回去补觉，从作息正常这个根本之道来改变精神疲惫，或是同一项工作不要做太久，以保持大脑的新鲜感，不要轻易养成依赖外力来提神的习惯。

请问洪兰老师

孩子所需要的休息，并非只是"放空"或"狂欢"

我所遇到的小朋友都是在假日才来上课，虽然是早上，但有些孩子却看起来好困，问起来才知道都是因为前一夜看电视、电影或玩游戏而晚睡，第二天当然精神不好。我跟不少父母讨论过，了解他们之所以总是允许孩子在假日的前一夜晚睡，是怜惜孩子平日上课太累了，想让他们好好放松、休息一下；即使平日很重视生活规律的父母，也常以此来犒赏孩子。

"起居有时"本来是我们养护身体的方法，如果父母希望孩子在上学日的前一晚要早点儿上床，却允许他们在放假的前一夜可以通宵，这不就等于提供给孩子两套生活标准，会不会使他们因为假日都能睡到自然醒，而觉得上学日早起是痛苦的事？我想请问洪兰老师，父母以这种方式来"犒赏"孩子是正确的吗？

训练动物会以食物或抚慰作为奖励，现在的父母也像驯兽师，因为某些娱乐的花费不高，所以会被父母没有限制地拿来作为孩子平日辛苦上学的补偿。但解决这个问题的方法，应该是调整孩子上学日时间安排的挤压，而不是用周末两天的过度放松来弥补周间五天的辛苦。

我担心现在的孩子如果从小养成工作之后必要通宵狂欢的习

惯，会不会影响他们对生活的价值观？这些因为"犒赏"而养成的"习惯"，会不会变成一种"娱乐瘾"？父母要如何警觉"瘾"慢慢形成的警讯？

比如说：

每天要打多久的电动

每天一定要去超商买个小东西

吃饭一定要有饮料

假日前一晚一定要与朋友聚会或外出用餐

周末一定要出远门，寒暑假要出国

对大脑来说，什么情状叫作"放空"？为什么所有以电动、电视来转换生活的人，都宣称自己是以"放空"的状况在休息，对心智来说，这样真的能产生慰藉作用吗？以狂欢活动或电视马拉松放松之后的孩子，为什么隔天看起来更疲惫？

我上大学时，有些体育课是开在早上六点半，而现在多数的大学生都是夜猫子，不要说六点半，就连有趣的课也不能开在早上了。听说有些老师还得整个学期都买麦当劳早餐请学生，才有人肯来上中午之前的课。这个现象是否足以提醒正在养育小朋友的父母，要更看重平日的生活作息，凡事必有犒赏是一种功利的教育方式，很难教会孩子珍惜自己。

用强迫身体的方式提神，可能引发学习与健康的警讯

记得洪兰老师曾在演讲中说过，"夜晚时大脑在工作"，"休息"对于身心的恢复与养护有多重要，又会对学习产生什么样的影响。现在，父母看到孩子没有精神，立刻就想到有没有"提神"的方法，精神不集中就愿意让孩子服药，而不是寻找更正确的休息方式。我想请老师为我们解释："提神"是一种"勉强的状态"或"自然的再振奋"吗？

我跟小朋友一起工作的时候，发现孩子们看起来没有精神，有时候是需要吃点儿东西补充体力，有时候得靠转换工作来提起他们的精神。实际上，我没有真正让他们"放空"，但试过的各种方法效果都很不错。洪兰老师认为家长应该如何照顾孩子的身心，使他们得到有用的休息，而不是以"你现在撑着点儿，周末就可以自由自在"或"学期辛苦一点儿，寒暑假就带你出国玩"作为支持？

我曾看过高中生买"蛮牛"之类的饮料来喝，看了好担心，但父母对此似乎并不以为意。我想请老师为大家解释："看起来很兴奋"与"真正有精神"的差别是什么？我问了一些大学生，才知道他们喝酒的同时又喝提神饮料，说这样可以"精神放松却仍然有体力通宵熬夜"，我本来以为这是无法同时存在于一个身体的情况，没想到已经有孩子用药物在强求兼顾。当我们这样强迫身体时，大脑是如何运用资源的，又会有什么问题？父母对此应有什么警觉？

工作与休息、劳心与劳力，都应讲求平衡与纪律

记得中学时，我们的导师曾以朱光潜先生的文章引导我们认识工作与休息、劳心与劳力平衡的重要。尤其在放长假前，学校一定会仔细叮咛，日常作息的纪律不可松散。我找到当时师长为我们介绍的文章，引文于后——

不同性质的工作更番瓜代，固可以收到调剂和休息的效用，可是一个人不能时时刻刻都在工作，事实上没有这种需要，而且劳苦过度，工作也变成一种苦事，不能有很大的效率。我们有时须完全放弃工作，做一点儿无所为而为的活动，享受一点儿自由人的幸福。工作都有所为而为，带有实用目的；无所为而为，不带实用目的的活动，都可以算作消遣。我们说"消遣"，意谓"混去时光"，含义实在很不好；西方人说"转向"（diversion），意谓"把精力朝另一方面去用"，它和工作同称为occupation，比较可以见出消遣的用处。所谓occupation无恰当中文译词，似包含占领和寄托两意，在工作和消遣时，都有一件事物"占领"着我们的身心，而我们的身心也就"寄托"在那一件事物里面。身心寄托在哪里，精力也就发泄在哪里。

洪兰老师是否觉得现代父母也应参考过去对"消遣"这两个字的解释？未来的生活一定是压力越来越重，而商业挂帅的社会又不断以各种娱乐来引诱消费，如果不从小教导孩子分辨休息与

娱乐的不同，只片面曲解"过劳"的意思，是否是教育上的一大缺失？

给Bubu的回应

希望孩子身体强健，起居有常是必备的习惯

生活的作与息，就是《黄帝内经》所说的"饮食有节，起居有常"，它其实就是纪律，有纪律的人不妄作劳，故能形与神俱。父母若希望孩子身体强健，"起居有常"是必定要培养的习惯。

现在年轻人喜欢熬夜，这有一点儿心理上占便宜的窃喜，因为日出而作、日入而息本是常规，但是有了电灯，可以使夜晚如白昼，比古人秉烛夜游更高明，那么晚上不睡就等于借时光，尽量享受人生，在感觉上是赚到了，所以心中会有不由自主的窃喜。

白天上班上课，晚上则是自己的时间，要怎么花用，不关别人的事，但要是白天睡觉，就会被骂偷懒。宰予昼寝，就被孔子骂"朽木不可雕也，粪土之墙不可圬也"，我们在念《论语》时，都觉得宰予很可怜，也不过睡个午觉，怎么就变成粪土之墙了？但是在读李白的《春夜宴从弟桃花园序》时，"开琼筵以坐花，飞羽觞而醉月"，却觉得好浪漫、好向往，没人觉得有罪恶感。所以，只要第二天不必早起，许多人都会晚睡一点儿，这是偶尔做点儿

小坏事的快乐，本无可厚非，但像现在大学生每晚上网到天亮，自嘲像苏东坡"不知东方之既白"，那就过分了。

其实作息不定时对身体不好，单看"熬夜"的"熬"字就知道了。熬是煎熬，不得已必须要忍受的痛苦。古人当然不知道为什么昼夜颠倒不好，现在知道这跟"褪黑激素"（melatonin）有关。褪黑激素是一种荷尔蒙，由松果体分泌，研究发现，航空公司的空服员罹患乳癌的概率比别人高，就是因为她们常飞过子午线，昼夜颠倒，身体内褪黑激素分泌不正常的缘故。这个研究结果公布后，许多须值大夜班的工作都尽量排成一个月以上才换班，避免身体一直在调整褪黑激素的分泌。有时想想，《黄帝内经》说古人都活到一百岁是有道理的，他们都依循大自然的周期在生活，天人一致时，身体运作得最轻松。

打电动、看电视不会使大脑放空，反而会过劳

至于现在很多孩子每天一定要打电动，饭后一定要喝饮料、吃甜点，假日前一晚一定要外出用餐、与朋友聚会，周末一定要出远门，寒暑假一定要出国，每天一定要去超商买个小东西等，都是坏习惯，它没有生理上的原因，纯粹是被宠坏导致的结果。其实看电视是被动地接受讯息，并不能使大脑放空，反而会使大脑过劳（overwork）。因为电视画面是跳动的，人的眼睛会对动的东西特别注意，一个会动的东西对眼睛造成伤害的可能性，绝对大过不会动的花草木石。研究发现，如果电视屏幕的画面

在两分钟之内有超过十次的切换（cutting）、缩放（zooming）、剪辑（editing），大脑就会过累，这正是电视会越看越累，看到最后睡着，变成沙发上的马铃薯的原因。

其实放空最好的方法，是打坐参禅时的mindfulness（中文译为"正念"或"静观"），即让自己保持在一种超然的状态下，外界的讯息进来了，但是大脑不去处理它，搁在一边。当人能让自己的心灵不受外界的干扰，不以物喜、不以己悲时，他的心就平静了，他就快乐了。目前已有很多研究采用打坐的mindfulness治疗抑郁症，效果都不错。

不要让孩子开夜车，宁可先睡再早起补作业

至于说夜晚睡觉时大脑也在工作，是因为研究发现有三种重要的神经传导物质是在睡眠时分泌出来的：去甲肾上腺素（norepinephrine）、血清胺（serotonin）和生长激素（growth hormone）。实验发现，婴儿如果今天睡得比平时多，四十八小时以后也会长高一点儿，因此要孩子长得高，要让他睡得饱。

很多幼儿早上被母亲叫醒送到保姆家时会有起床气，那是因为血清胺跟情绪有直接的关系，当它在大脑中不足时，人的情绪会低落。许多抗抑郁症的药物如百忧解（prozac），就会阻挡大脑中血清胺的回收，当它分泌得多了，人的情绪就好起来了，所以肚子饿时脾气会暴躁，吃到好菜时人会笑。而且不论中外，早饭多半为淀粉类的食物，就是因为碳水化合物进入大脑之后，会变

成血清胺的前身，便于大脑制造血清胺，使我们可以顺利展开一天的工作。血清胺和记忆、情绪、动机都有直接的关系。

去甲肾上腺素则使我们注意力集中、学习效果好，所以睡不够时，上课会无精打采，没办法专注，记忆力不好。因此，睡眠对学习来说是很重要的，不要让孩子开夜车，宁可先睡，早上早一点儿起来补作业，效果会比开夜车好。

提神饮料只能使眼睛睁开，大脑内部是停摆的

因此，在孩子显得没有精神时，不是给他钱去买"蛮牛"来提神，而是叫他回去补觉，从作息正常这个根本之道来改变精神疲惫。咖啡的提神效果只是使眼睛睁开，大脑内部是停摆的。研究发现，睡眠不足会使讯息的处理速度减慢，并导致判断错误，在进行需要实时反应的活动中（例如驾驶）会造成危险。凡是期末考开过夜车的人都知道，考完后，山珍海味也激不起兴趣，心中唯一想做的是回到宿舍大睡一觉。

咖啡和"蛮牛"等兴奋剂其实会使人很累又睡不着，反而难受。在我们小时候，台湾没有咖啡（应该说有，但一般老百姓喝不起，更不要说学生了），"蛮牛"还没发明出来，我们使自己清醒的方式是：同一项工作不要做太久，以保持大脑的新鲜感。

在我考大学时，父亲告诉我："亲昵生狎侮。"（Familiarity breeds contempt.）大脑不喜欢一直读同样的东西，同样的事情经历久了会生厌也会疲劳，不是只有身体。他特别跟我母亲商量，凡

是要考联考的孩子，家事虽不能不做，但可以挑项目。所以他叫我挑扫院子、擦地板、擦榻榻米这种可以分段做的工作，没有联考压力的孩子则分配到洗碗、洗米这种有时间性的工作。

父亲的这个建议真的很好，我语文读一读，站起来去扫院子，回去换历史读一读；觉得累了，又站起来擦地板，再换英文读一读。每换一门科目时，就用冷水洗一次脸，在没有提神剂的帮忙下，我果然考上了第一志愿。

转换不同活动，大脑就不会弹性疲乏而能持续运作

其实父亲的建议是有实验根据的，只是他不知道，我则是到美国留学之后才知道。俄亥俄州立大学的研究者曾经给大学生看十个花卉名字，如玫瑰、剑兰、百合……看完后再请他们默写出来。第一次测验的成绩都很好，一般大学生可以记个八九不离十（短期记忆的广度是 7 ± 2）；但是第二次再看不同花卉名称，如牡丹、樱花，回忆的成绩就下降了。到了第三次再默写花卉的名字时，居然只回忆出四五个来，还有人产生"闯入错误"（intrusion error），误把前面出现过的花名写到这一次的名单里。

一开始，研究员以为是记忆疲乏了，因为记三十个字太多了，已超越记忆的负荷，但其实并非如此。如果第四次跳脱原有的类别，改为看家具类名称时，受试者又能回忆出八九个来，表示记忆能力并没有衰退，是同构型及相似性干扰的缘故，是弹性疲乏而不是记忆疲乏，所以换个项目时，记忆成绩又好起来了。

父亲是从他自己学习的经验中悟出这个道理的，而研究者则用实验证明它是大脑处理讯息的"饱和"（satiation）问题。这是神经科学很吸引人的地方，它解释了每个行为背后的原因，使我们不再知其然而不知其所以然。

读书最好不要靠外力来使自己清醒，其实，做任何事都尽量不要靠外力，要反求诸己，因为只有靠自己才是最有效的。在没有"蛮牛"也喝不起咖啡和茶叶的时代，很多人也念出头了，所以父母亲看到孩子萎靡不振时，不要先想给他喝什么，而是要想如何使他自己精神好起来，千万不要养成孩子依赖外力的习惯，人只有依赖自己才能永不匮乏。

做任何事，都不要让孩子养成"过度"的习惯

现在很多父母允许孩子在周五晚睡来"犒赏"孩子平日上学的辛劳，这偶一为之可以，要是每周都如此，就会打乱孩子的生理时钟，影响其荷尔蒙的分泌，对孩子的健康不利（前面说过，褪黑激素的不正常分泌会致癌）。一个人如果从小养成工作后就需要通宵狂欢的习惯，是很不好的事，所有的医生都不喜欢任何跟"狂"有关的名词，狂欢、狂饮、狂怒都伤身，因为"狂"是过度的意思，做任何事都不要让孩子养成"过度"的习惯。

"消遣"的英文叫kill time，是指整天没什么事，因此放空心情，无所事事来空度时光。这也是偶一为之无妨，但如果天天在"杀"时间，这个人的人生没有目标，就成了醉生梦死的行尸走肉。

人的一生大约才九百个月，一晃就过去了，凡是成功的人，都是能利用时间的人。陆游的诗说："呼童不应自生火，待饭未来还读书。"在等待饭熟的那一点儿时光还是可以读些书。《菜根谭》也说："天地有万古，此身不再得；人生只百年，此日最易过。"要混日子是太简单了，东摸摸、西摸摸，一天就过去了。陶渊明说得更好："一日难再晨""岁月不待人"。再多的钱买不回昨天。因为人不是机器，所以一定要休息，但应该做真正放松心情的休息，使明天的出发可以更有精神，如郊外踏青、登山远眺，而不是无聊地"杀"时间，浪费自己的生命。

人不能预知未来，却可以从别人的经验中汲取教训，若希望孩子将来是个成功的人，请养成他珍惜光阴的好习惯。

孩子在家庭中成长，父母的观念很重要

孩子怎样拥有正确的金钱观和责任观？

Bubu 老师

- 不能怪孩子从小就会去羡慕别人，这些责任应该由大人主动负起，大人的敏感对引导本应该有积极作用。

- 孩子觉得家务应该由父母和自己轮流来做，是因为他们只觉察到了三分之一的责任。

- 孩子怎么看待工作，怎么消费，都在家长金钱价值观的身教和言教中。

洪兰老师

- 物质上的欲望只会加重心灵负担。快乐的唯一方式是去创造自己的价值。

- 孩子分担家务，不应该给钱，工作范围内的事情都不可以给钱。

- 孩子正确看待消费、工作，靠的是"平素的养成"。

请问洪兰老师

孩子的金钱观不仅在于社会风气，更在于大人的引导

在物质极度发展的社会里，孩子们很早就开始受物欲操控。他们的金钱观使家长感到担忧和负担。老师觉得这个现象是不是跟社会风气不好有关?

我在自己的环境中经常看到相同的状况。行之有年了，但似乎越演越烈，学校和家庭兴盛着许多不对称于孩子能力的活动，像旅行、聚餐或花钱置办表演、比赛的行头。这两年因为疫情，孩子们取消了毕业旅行。要不然，大家会开始比谁去得更远，哪一种旅行更豪华。

最近有一次，我听到小朋友在讨论他们的毕业旅行，有的孩子只纯真地遗憾旅行取消了，谈话中，有个孩子说，本来我现在"应该在日本的"。当她这么一说，我看到即使没有发话的孩子，脸上也露出十分羡慕的表情，他们多半因此而推测这样的同学家庭一定很有钱，因而生出一些连自己都弄不清楚的"敬意"。这样的话题也引发孩子们幼稚的攀比心情，于是争相举出自己听来的或去过的一些更豪华的活动。

我开始制止这样的话题，告诉他们，以他们的年龄，现在无论去哪里都不是自己的能力，所以不必羡慕别人；我也没有听过孩

子们羡慕谁特别用功努力，或谁的知识特别丰富！

但我们不能怪他们那么小就会去羡慕别人，我倒觉得这些责任应该由大人主动负起。大人的敏感对引导本应该有积极作用。浮夸之所以成为风气，除了社会兴风作浪之外，教育环境中，大人对风气日下而不设法阻止，应该更令人担心。我想起小说《未央歌》中，女主角之一的蔺燕梅出场后，先见过她的同学无一不惊艳于她的美丽与穿戴的与众不同，当同学们热情地讨论这些传闻时，一旁的金老师加以制止了，因为知道这种气氛对身为学生的孩子们来说是不好的，于是跟他们解释美没有标准，在温和的制止和合情理的解说中进行引导。

在如此拜金的社会风气之下，有些父母看见孩子们已经开始有小小的"购物瘾"，每天要去一下商超，买一些自己并不吃或不用的小东西，而父母有时候因为孩子所花的钱并不是很多，也就允许了，但他们也忧心着这样的消费行为会不会越来越严重。

老师可以从大脑的运作说说购物成瘾现象可能的成因吗？假如孩子们宣称每天买一点儿小东西可以使他很快乐，家长应该如何拒绝，从大脑的运作来说，又该怎么帮助孩子建立情绪满足的其他方式？

"愿意和父母轮流做家务"已经是好孩子的最高境界了吗？

除了零用钱之外，另一个是家务的分担。我很反对孩子觉得家务应该由父母和自己轮流来做。是因为这样孩子就只觉察到了三分之一的责任，还有，这样的教育失去了家庭应有的伦理。也许，现在的孩子很难教到"有事弟子服其劳"，但我想，怎么也不能让他们觉得"愿意和父母轮流做家务"已经是好孩子的最高境界了吧！

但是，如果有额外的工作，如清理花园，家长可以给孩子酬劳吗？

在家庭中，我认为责任范围之内的事都不应该给钱。此外，家务并不是学习的阶段才做，那些责任是要一直分担下去的，以免孩子日后又以"我已经会了""我要去读书"为借口，又回到父母一肩扛起服务重担的状况。我觉得现在也该多教孩子通过生活的细节表达尊重，譬如，洗澡脱下换洗的衣物要翻面这类的小事。

孩子怎么看待工作，怎么消费，都在家长金钱价值观的身教和言教中。素养如果真要考，其实是不用准备的。家里如果真有教的话，没有准备也可以考得很好；如果没有教，临时准备也来不及。其实父母也可以直接从金钱观念上教会孩子当一个热诚工作的人，因为热诚的人也爱他们所做的工作，而不计较金钱、地位或权力。我曾经读过一位退休的剧团团长所说的话，她的热诚是从她父亲那里学来的，她说："我那位当律师的父亲很久以前就告诉我：在我不再以金钱为目的而工作之前，我连一个铜板也赚不到。"

给Bubu的回应

教孩子理性看待消费、工作，父母观念要正确

我现在上课的时候，第一堂课会先放一段大陆的短视频。内容是有一个女生要搬家，她找来搬运的人要价一千元人民币。她觉得太贵，于是去食堂问有没有人要做这个工。因为那个食堂多是工人阶级用餐的地方，其中有一个人愿意，那委托的女孩出价八百五十元，那人说好，就跟她去了。因为所搬的东西都很重，比如跑步机、冰箱，而且，那个公寓又没有电梯。搬家那天，就他一个人来，背得很重、很重，眼看他一人上下背重物、爬五楼，这女生于是很不忍心地要他再找一个人来帮忙。那个男的一定不肯，因为他说自己赚这个钱是要给孩子付学费的，不能把钱分人赚，他要自己一个人搬。到后来这女生很不忍心，搬完后要多给他钱。但那个男生不肯，因为他说，我跟你讲好就要八百五十元。那位女生坚持多给了他钱，并告诉他，如果不拿会害她心里不安。她把这个故事写了下来。

现在多少孩子坐在教室里时会想起自己安静地坐着吹冷气，父母亲可能在外面背砖头？所以，我给学生看这支影片。第一堂课看过后很有用，因为我看到学生把手机都关了，感觉他们了解了应该珍惜能够来学习的机会，知道了父母亲辛苦工作才能付学

费。所以，要提醒他们懂得珍惜。正如你所说，很多孩子都被宠坏了；东西来得容易就不珍惜。

孩子没有正确的金钱观，是大人的责任！因为大人也在比，这个说今年我带我的小孩去欧洲、去澳洲，另一个立刻说去了哪里。原因就是大人很爱比。其实很多时候，小孩子并不见得喜欢去那么远的地方。而大人这样就是虚荣。社会的确看钱，如果你穿得不够体面，走出去可能没人理。菲律宾有一个老人，穿得比较破烂一点儿，他去买车，人家连车都不让他看。第二天，那个老人就捧着现金去把车买回来。我们看到很多类似的虚荣，真的是父母亲教坏孩子。父母会说：你不好好读书，以后去清马路、去扫地。所以，该教育是父母亲。

我认为不要给孩子们太多零用钱。钱来得太容易了！好像什么东西都可以用钱买得到。孩子不规矩，把人家的东西弄坏了，他们也以为反正父母会赔。这就是很不应该的观念。

物质上的欲望只会加重心灵负担。快乐的唯一方式，是去创造自己的价值，是别人因为有你而过得更好。物质享受是短暂的，再好吃的美食，酒肉穿肠过，一天之后便无影无踪，如果没有更高层次的精神寄托，享受之后，大脑因为"饱和"、感觉迟钝了，人反而更空虚。

每天要买一点儿东西，是商业上推崇的"小确信"。然而，小确信不会带来大幸福。

孩子分担家务，也不应该给钱。我觉得原则是：每一个家庭自己要先划分清楚，让孩子知道哪些事没有做，生活就没有办法维持下去，这些工作范围内的事情都不可以给钱。

其实清理花园这样的"额外工作"也不应该给钱，因为，孩子也住在屋里，这也是他们生活的环境，对不对？为什么草就应该归爸爸割？这是从美国来的观念，美国小孩只要在花园割草，人家就给钱，如果什么东西都用钱来算，即使是应做的家务，以后父母不给钱，孩子也就不做了。有太多这样不正确的经验。

我碰到一个学生告诉我这样的观念：她妈妈告诉她以后嫁给有钱人就什么都不用做了。父母亲这样教孩子不对！所以，当学校分配扫地时，那孩子就是不肯做，是因为自觉将来嫁个有钱人就好。我很想问：嫁不到怎么办呢？家长的观念很重要，因为孩子是在家长手上长大的。

孩子正确看待消费、工作，这是最基本的，但我们现在的考试却竟然还要考"教养""素养"。"素养"是"平素的养成"，也就是小时候父母亲教我们的东西，根本就不是老师教的，对不对？现在怎么变成学校教，然后还要考试？

在学校里，也要让孩子好好吃饭

如何让孩子在饮食中学习生活教育？

Bubu老师

◆ 不立基于生活，便无以成文化，孩子的美感不能只靠参观美术馆、看艺术表演来培养，好好吃饭就是很好的美感教育。

◆ 幼儿在用餐的过程中有许多教育正在进行，不应该以"允许玩"来作为"赶快吃"的鼓励，任何教育如果只求管理方便，就会失去教导的本质。

洪兰老师

◆ 人受环境的影响很大，桌上放瓶鲜花、铺张桌布、摆好碗筷，吃相自然文雅起来；拿着洗脸盆盛菜、蹲在地上吃，再好的菜肴都被糟蹋了。

◆ 请父母好好地教导孩子吃饭的礼貌，并从中传递给他们美的概念，用餐习惯是从小养成的，父母责无旁贷。

请问洪兰老师

教育就是老师不怕麻烦，想好好照顾学生的用意与过程

我的父亲在四十几年前曾在台东县成功镇担任初中校长，记得学校第一次开办营养午餐是在一九七二年，当时这份在校用餐的计划让全校师生都好兴奋。地处东部偏乡的成功镇，居民谋生不易，而父亲任职的初中已是当地最高学府，父亲对于学校开始有能力照顾孩子的饮食，感到非常欣慰。也许是因为童年看过身边大人的这种热情，我觉得教育就是老师不怕麻烦，想好好照顾学生的用意与过程。

为了学校的营养午餐能顺利办理，不只是父亲与干部、老师，连眷属也热情参与其中，大家绞尽脑汁变换菜色，只为让一餐的各种功能发挥最大的效益。在物质简朴的四十几年前，回想起身边的大人为孩子所做的事，还是非常感动。一个托盘中所装盛的，与其说是营养的均衡与集思的美味，毋宁说它更象征着一个时代的长辈照顾下一代时，人同此心、心同此理的实践。

现在的营养午餐忽略了生活美感，也不够卫生安全

时间转眼过了四十年，当我再看见孩子吃营养午餐时，真想用"一塌糊涂"来形容他们的用餐形式。我在许多学校看到孩子是拿一个便当盒或大不锈钢碗在打菜，不分主食与配菜，一样一样堆叠在一起，孩子们就趴在桌上翻搅、挑拣自己喜欢的东西吃。看到这样的景象，我不禁想起整个社会的物质水平比起自己的童年时代不知进步多少，但学生用餐的生活水平却退了整整一大步。

退步的不只是生活美感的忽略，还有安全的问题。比如说，很多小朋友都喜欢喝汤，如果汤是热的，他们就必须提着便当盒的扣环，战战兢兢地走动于讲台与课桌之间；即使用餐时汤已凉了，也可能沿途泼洒，既不卫生也不安全。这些问题大家都视而不见，却热心讨论比这些事更不容易实现的高标准，比如让孩子自己设计菜单、不该吃基因改造的食物。

有一次，我问一群父母，想知道他们对这些状况的感受，我说："这种吃饭的方式让我想起小狗狗！"家长都笑着点头表示同感，露出他们也不想如此的表情，所以我再问："那你们为什么不反映？"我提醒他们，孩子的美感不能只靠参观美术馆、看画展、看艺术表演来培养，好好吃饭不就是很好的美感教育吗？不立基于生活，便无以成文化。

让孩子利用日常活动所需，学习常规教育与生活技能

现在的孩子在学校用餐时，面临的不只是美感形式的问题，

赶时间更是未曾改善的状况。有位母亲告诉我，她上幼儿园的女儿为了不想在学校吃饭而不肯上学，因为她吃饭很慢，但学校却以"可以去游乐场玩"作为赶快吃完的鼓励。她的女儿因为太想跟小朋友一起玩，又担心自己吃得慢，就更视吃饭为畏途，每天上学前都吵着不要在学校吃饭。母亲为此非常头痛，也不知道要如何响应老师的要求。

我的想法是，幼儿在用餐的过程中有许多教育正在进行，不应该以"允许玩"来作为"赶快吃"的鼓励。任何教育过程都一样，如果只求管理方便，就会失去教导的本质。这位母亲找我商量时，我想了一个办法，用缎带绑了一只可爱的汤匙，要妈妈交给那孩子，请她以后带这只汤匙去学校吃饭，一口、一口专心吃，也许注意力能因此有所转移与寄托，帮助她暂时忘了玩这件事。

一个多月后，我又见到这孩子的母亲，于是问起汤匙的事，妈妈既高兴又遗憾地说，那只被他们称为"魔法汤匙"的餐具，有一天不小心被一位小朋友拨到地上打断了。这次我拿了一只木汤匙请妈妈转送，也很高兴我们所想的方法确实有效。

这两件事反映出孩子的生活中有许多值得改善的部分。为什么学校与家长不就这些实际的问题，双方好好讨论，并且付诸实行？尤其幼儿园是孩子学程中的第一站，也是时间上最宽裕的一个阶段，洪兰老师觉得幼儿园的学生是否应该利用日常生活所需（如每天自己做午餐、洗餐具、打扫……）来学习常规教育与生活技能，让教育自然而然地达到内化的作用？

请家长参考罗勃·傅刚（Robert Fulghum）的这篇文章——《所

有我应该知道的事，都是在幼儿园里学会的》。

All I Really Need to Know I Learned in Kindergarten[1]

All I really need to know about how to live and what to do and how to be I learned in kindergarten. Wisdom was not at the top of the graduate school mountain, but there in the sand pile at school.

These are the things I learned:

○ Share everything.

○ Play fair.

○ Don't hit people.

○ Put things back where you found them.

○ Clean up your own mess.

○ Don't take things that aren't yours.

○ Say you're sorry when you hurt somebody.

○ Wash your hands before you eat.

○ Flush.

○ Warm cookies and cold milk are good for you.

○ Live a balanced life – learn some and think some and draw and paint and sing and dance and play and work every day some.

○ Take a nap every afternoon.

○ When you go out in the world, watch out for traffic, hold hands and stick together.

○ Be aware of wonder. Remember the little seed in the Styrofoam cup: the roots go down and the plant goes up and nobody really knows how or why, but we are all like that.

○ Goldfish and hamsters and white mice and even the little seed in the Styrofoam cup – they all die. So do we.

○ And then remember the Dick–and–Jane books and the first word you learned – the biggest word of all – LOOK.

Everything you need to know is in there somewhere. The Golden Rule and love and basic sanitation. Ecology and politics and equality and sane living.

Take any one of those items and extrapolate it into sophisticated adult terms and apply it to your family life or your work or government or your world and it holds true and clear and firm. Think what a better world it would be if we all – the whole world – had cookies and milk at about 3 o'clock in the afternoon and then lay down with our blankies for a nap. Or if all governments had as a basic policy to always put things back where they found them and to clean up their own mess.

And it is still true, no matter how old you are, when you go out in the world, it is best to hold hands and stick together.

所有我应该知道的事——如何生活、处事、为人的方法，都是在幼儿园里学会的。智慧不存在于学术顶峰的研究所，而是在幼儿园的沙堆里。

这些就是我学到的事情：

○要和别人分享一切。

○玩游戏要公平。

○不可以打人。

○用完东西后要放回原处。

○弄乱了东西要自己整理。

○不是自己的东西不要拿。

○冒犯了别人要说对不起。

○吃东西前要洗手。

○上厕所后要冲水。

○热饼干和冰牛奶对身体有益。

○过平衡的生活。要学习知识，也要动动大脑、画图、着色、唱歌、跳舞、游戏和工作，每天都要做一些。

○下午小睡片刻。

○出门在外的时候，要注意交通，手牵手，大家一起走。

○发现世界的奇妙。记得保丽龙杯里的小种子：它往下扎根、朝上发芽，没有人知道这如何发生、为什么存在，但我们也是这样生长。

○金鱼、仓鼠和小白鼠，甚至是保丽龙杯里的小种子——它们都会死，我们也是一样。

○还要记得你读过的书，以及你第一个学会的字，也是最重要的字——"看"。

所有你应该知道的一切，都能在某处发现——推己及人的同理心、爱、基本的卫生观念、环境生态、政治、平等和明智健全的生活之道。

用其中任何一项道理去推敲复杂的成人事务，把它应用在你的家庭、职场、政府或是你生活的世界，始终都是真实、清楚而历久不变。想一想，如果全世界的人们下午三点左右都吃些饼干、喝点儿牛奶，然后盖上毯子躺下来小睡片刻，或是所有的政府都遵守一项基本政策——永远把东西物归原处，并且收拾自己制造出来的混乱，这世界会有多美好呢。

还有，这依然是真的——无论你长到几岁，出门在外的时候，最好手牵手，大家一起走。

给Bubu的回应

饮食最容易显现个人修养，也是中外教养最一致的观点

《礼记》说："夫礼之初，始诸饮食。"礼是一种美好的行为、和谐的秩序。三四十年前，台湾的相亲经常安排在餐厅举行，一方面这里是公众场所，当事人见面比较不尴尬；另一方面，一个人的涵养和风度从吃饭中最能看出，双方的父母亲戚都能借此机会

鉴定一下未来媳妇、女婿的习惯和人品，而用餐的好习惯必须从小养成。

从小母亲就教育我们吃饭要端碗，以碗就口，不能以头就碗。但是我们年纪小，无法领略这个重要性，饭厅又没镜子（这是后来母亲存够了钱，在饭厅墙上装了一面大镜子的原因），看不见自己的丑相，就会偷懒不想端碗。母亲便带我们到厨房后面的院子看动物怎么进食，果然狗和猫都是以头就碗，吃东西难看得很。母亲就问："你们要做人，还是要做动物？它们没有手，所以没有选择，你们是有选择的，你们要做动物吗？"看到了，了解了，从此吃饭自然就端碗。

饮食大概是最容易显现一个人修养的地方，也是中外教养孩子最一致的观点。例如，中外都教孩子嘴里有食物不要说话，现在更知道吃饭说话容易噎到，有时会出人命。因为食道和气管是同一个开口，上面有个会厌软骨，吃饭时它会把气管的开口盖住，让食物安全进入食道；说话时，它则把食道盖住，让气可以顺利出来，使发音清楚。一边吃饭，一边说话，如果会厌软骨的开合调配不好，让食物进入气管，那就糟了，异物进入会使肺发炎的。所以孔子说："食不语，寝不言。"

很多人都同意，吃饭出声音、喝汤稀里呼噜是最讨人厌的行为。有人辩称这是日本的风俗，好，如果你在日本，那么入境随俗，你可以那样；但我们是中国人，生活在中国，中国人吃东西出声音就是不礼貌，我妈妈以前带我们去看猪的吃相就是这样。

对吃相的讲究、对食物的爱惜，也是生活中的美感教育

一九五四年有部电影叫《七对佳偶》(*Seven Brides for Seven Brothers*)，这是一部拿过奥斯卡金像奖的歌舞片。二十世纪八十年代，我父母亲刚来美国时，我们怕爸妈晚上有时差睡不着，特地去租了这部片子给他们看，结果第二天早上，爸爸很委婉地说，美国人的吃法不适合我们中国人，你们不要学。我们听了一头雾水，一看之下，才发现原来电影里有一段七个兄弟狼吞虎咽的剧情，不禁觉得好笑，我们怎么会去学那种不文雅的吃相呢？水往低处流，人是往高处爬的呀！

那时我们都已经三十出头，也拿到博士学位了，我姐姐在美国阿冈国家实验室工作，我在教书，我妹妹在斯坦福大学做博士后研究，但父母还是不放心要叮咛，可见当时的人对吃相的重视，那也正是Bubu老师的父亲努力在台东推行营养午餐的时候。曾几何时，对食物的不爱惜、对吃相的不重视，最重要的是对礼仪的忽略，都成了见怪不怪的时尚，实在令人叹息。

美是生活中非常重要的一环，管仲说："衣食足而知荣辱。"美即是荣辱的表现。台湾现在丰衣足食了，为什么美育还是那么落后呢？粗鲁的人，功课再好，在事业上还是走不远，因为上不了台面，见不得人。

幼儿园是孩子第一个正式的小社会，是启蒙教育，孩子应该在这里学会基本的礼仪。Bubu老师建议家长去看罗勃·傅刚所写的 All I Really Need to Know I Learned in Kindergarten，我也很赞同，这

本书是一九八六年出版的，一直风行到现在，里面所讲的原则即使过了三十多年都很适用。例如在幼儿园中，我们要学习跟其他人分享，玩游戏时要公平，不可以使诡计暗算别人，不要打人，东西要放回原处，不要拿别人的东西，自己有错要道歉，自己的行为自己负责，弄脏了要自己去清理干净，最重要的是过马路时要手牵手大家一起走，左右看清楚。孩子如果在幼儿园中学会了这些基本的做人做事规则，在社会上绝对会无往不利。

大人不在意怎么吃饭，孩子也难有良好的用餐习惯

台湾的孩子态度随便，其实跟父母平日生活不注重美育也有关系。很多家境小康的人家，吃饭的环境常常是因陋就简，饭桌上堆满了其他杂物，只清理一小块地方出来摆菜。最常看见的是"流水席"，饭菜煮好放在桌上，每个人回家后，自己拿碗添了端进房间去吃，一家人鲜少好好坐下来一起吃饭。中国人虽然说"民以食为天"，但厨房却一定是家中最窄小阴暗的地方，忘记了那是妈妈每天花最多时间待着的场所，怎么可以不明亮？家中即使有好的瓷器也舍不得拿出来用，怕孩子打破，其实器物就是要用，与其留着当古董，不如拿出来物尽其用，顺便也教了孩子美的概念。

人受环境的影响很大，在柔和的烛光、浆挺的雪白桌布、精致餐具映衬的餐厅中，吃相自然文雅起来；若是拿着洗脸盆盛菜，拿着塑料碗盛饭，蹲在地上吃，再好的菜肴都被糟蹋了。古老家庭的外国人吃晚餐常要换上正式的服装，我们虽然不必如此讲究，

但打着赤膊、跷着罗汉脚、骨头残渣到处吐，也实在不雅观。大人如果是这样吃饭，就难怪孩子没有良好的用餐习惯了。其实，桌上放一瓶鲜花、铺张桌布、摆一下碗筷，那气氛就完全不同了。

我有位朋友搭飞机一定坐商务舱，她其实手头并不宽裕，但因为有一次，她搭机从旧金山去纽约，在用餐时间，空中小姐用丢的方式把她的午餐越过别人的头丢过来（因为她坐窗边，中间隔了两个人），让她非常生气，以后她就宁可多花钱，吃饭时也要有块白布当桌巾，"像人一样用餐"。她曾向当地的报纸投书抗议这件事，也引起很多人的共鸣，纷纷吐苦水，可见大家都认为吃饭的礼仪代表着对人的尊重，是不可省的。

请父母好好地教导孩子吃饭的礼貌，要知道，他吃饭没礼貌时，别人骂的不是他，而是你，因为人生下来便要吃，这个习惯是从小养成的，父母责无旁贷。

家庭，是礼貌最好的启蒙地与养成所

孩子的礼貌，只是适用于外人的应对之道?

Bubu老师

- 人品的建立、礼貌的教养，本应由内而外才能根深蒂固。

- 如果父母常抱怨孩子在外不肯跟人打招呼，应该先回头检视: 孩子在家是否主动道早安、晚安? 用餐前是否会招呼、等候家人?

- 一个孩子如果在家都能自然、喜悦地执行生活礼貌，外出时就不会手足无措，要学打招呼也一定不难。

洪兰老师

- 礼貌是"诚于中，形于外"的表现，如果不是这样，那种礼貌就是虚伪。

- 若孩子在家中对父母不礼貌，在外虽然暂时假装有礼，时间久了，马脚一定会露出来。

- 越是亲近的人，礼貌才更重要，因为维持一份关系最重要的是"敬"，没有尊敬，关系不会长久，父母是生养自己的人，更要尊敬。

请问洪兰老师

让孩子先从家人的彼此敬重做起，再学习善待他人

现在的孩子对父母的态度多数都不够好，而父母却常把这种表现视为一种亲子间独有的信赖与放松。很多父母视礼貌为应付外界的约束，只会带来疲惫，当孩子对自己态度不好时，他们不但希望别人对此不要有意见，还安慰自己说："孩子在外面自己会调整，他们其实是很不错的！"请问洪兰老师同意这种想法吗？如果父母这样想，是不是会错失应该给予的教导？

人品的建立、礼貌的教养，本应由内而外才能根深蒂固，如果在家做得很自然，外出就不会手足无措。我当了母亲之后，希望孩子能快乐生活，不用因为外出而神经紧绷、特别表现，而我认为最好的方式，就是让她们在家跟在外使用同一套礼貌标准，也让孩子先从家人的彼此敬重做起，再学习善待他人。

现在，当我看到有些父母临阵才——要求孩子坐好、打招呼这些基本礼貌，或是在重要场合才进行监督，心中感觉很疑惑，难道父母已经不再珍惜经由家庭自然内化的教育过程了吗？

请问洪兰老师，大脑执行两套标准与通用一套，何者轻松易行？判断两套标准是否会有错乱的时候？这对孩子来说是一种好的教育吗？

从家庭养成的礼貌教育，更容易从小处着力而深化

我相信家庭是基本礼貌最好的启蒙地与养成所，因为父母通常比其他人更在乎孩子真正的利益，所以，了解礼貌是安身与处世基础的父母，一定会更贯彻此中的教养。也因为基础是从家庭打起的，所以孩子被教养的礼貌通常很细致，涉及食、衣、住、行种种小节，是最自然有用的，也就是我们所谓的举手投足。

曾有很多父母向我抱怨，他们的孩子在外都不肯跟人打招呼，这该如何教导？我自己也看过不少欠缺礼貌的孩子，大致来说，礼貌不够还分为两种。一种是因为害羞而无法自在地问答，这种状况比较容易应对，孩子只需要加以鼓励或用身教影响，慢慢一定能养成该有的礼貌。但另一种就需要家长与身边大人多费心建立正确的价值观了，比如说，一个十几岁的孩子，与人相处时却完全无视他人的存在，不要说看到人不理，对主动的招呼也不回应，甚至在电梯里旁若无人地大口吃东西、照镜子、整理头发或大声说话。他们所缺乏的并不只有招呼的礼貌，实际上是完全不了解人际共处时的举止分寸，包含小空间的音量、身体要有适当的距离（所以他们会在电梯里对着镜子挥舞、整理长发，这已经在空间上给他人造成麻烦，更不要说发屑纷飞的卫生问题了）。这些都不是小节，因为所有认识不清的基本观念，都会延伸形成更大范围的影响。

为什么我说家庭是教导与训练礼貌最好的地方？如果你也是抱怨孩子在外不肯跟人打招呼的父母，应该先回头检视：孩子起床

时是否主动地问早安，睡前是否道晚安？用餐或进食前是否会跟家人彼此招呼并等候？一个孩子如果在家都能自然、喜悦地礼貌生活，外出要学打招呼一定不难。

我的小女儿今年毕业后也开始工作了，因为不够熟练中文应对的言语礼貌，我很关注她与人交谈的语言，提醒她要留意细节，因为从前母亲也是这样教导我的。二十世纪六十年代的台东乡下，我们住在父亲学校提供的校长宿舍，也是镇上通往海边的路上唯一有电话的家庭，邻居若有急事，常会来借用电话。有一次，一位近邻的伯伯借了电话，用闽南语大声地对着听筒说："你是阿吉吗？我是夏东山先生。"我记得那位伯伯离开之后，妈妈立即给我上了一课，——为我解说称谓的礼貌，让我知道我们不会用"先生""小姐"来称呼自己。我觉得那一课太有用了，此后在任何情况下，我都会想起生活中说话的礼貌，用最合理的人际位置来思考称谓的意义。

礼貌，也能表现一个人的友善态度和语言美感

礼貌也是一个人友善与美感的表现。我们与人萍水相逢时，往往就是依赖礼貌来决定气氛愉不愉快。还记得前不久与老师和田小姐去"IC之音"录音，在电梯里遇到一对推娃娃车的年轻夫妻，您一看到车里的小宝宝，立刻对他的父母说："你们的宝宝好可爱！"但对方同时都没有响应，连表情都没有。好不容易走到录音室，我说："这对父母的反应好奇怪，他们至少应该笑一下或说

声谢谢吧!"这时田小姐也说:"我也正想这么说呢!"可见,没有礼貌并不只是孩子的问题,如果越来越多的父母像这对年轻人一样,那下一代的孩子会失去榜样,社会的气氛可能就更不够友善了。

有礼貌才能让大家相处时不感到尴尬,而注意细节可以培养语言的美感。比如说,小时候我们都被教导该如何正确地使用"你、我、他",但现在的孩子却会指着长辈喊"你",或指着爸爸对妈妈说"他"怎么样。更有些父母彼此提及子女时,用的是"你儿子""你女儿",好像跟自己一点儿关系都没有。父母如果不能体会这有什么不适当,只要反过来想,你有两个孩子,其中一个跟另一个说起你自己时用的是"你妈妈"而不是"妈妈",就不难理解为什么这种用法太粗糙。

也有很多父母说,时代改变了,这些礼貌都是细枝末节,没有太大的意义。老师,您认为呢? 一个简单的称谓不也能看出成人给予教育时是否正本慎始,是否帮助孩子了解长幼有序之道?

—— *Answer* ——
给Bubu的回应

礼貌的品德是一种内隐的学习,恶补不来的

真诚是做人的第一个原则,在"真、善、美"中,真是第一个必要条件,不真就是虚伪,就谈不上善与美。人一定要"诚于

中"，方能"形于外"，若在家中对父母不礼貌，在外虽然暂时假装有礼，时间久了，马脚一定会露出来。品德是一种内隐的学习，补习不来的，任何人只有做自己才会快乐，每天假装成自己不是的那种人，日子会过得很辛苦。

我在研究所时有一位英国教授，他的祖母高攀嫁入比自己阶级高的人家，他说他祖母一辈子不跟祖父出去应酬，因为怕她自己言语行为不得当，丢他祖父的脸。他说英国阶级分明，即使在二十世纪初，都还有明显的阶级之分，那么，怎么知道这个人是上层阶级的人呢？主要是看他的言语谈吐和举手投足的风度，而这是从小在家庭中的教养。他举撒切尔夫人为例，虽然她做到英国首相，念过最好的大学，但他们这些贵族后裔仍然能从她的言语之间知道她是来自中产阶级的商人家庭。他的话让我很吃惊，原来父母在家中的行为竟有这么大的影响力，能左右孩子在外的行为。

所以，父母不可以认为孩子在家中放肆，出外就会好。同时，父母是生养自己的人，对父母大声、说话不礼貌，真是忘恩负义的行为。我父亲从不允许我们对长辈不礼貌，就算摆脸色也不准，他常说饮水思源，没有父母就没有今天的你，而"百善孝为先"，一个人若对父母不孝，也不可能对国家尽忠、对朋友有义。

人在说谎时，要比说真话动用更多大脑的资源

在实验上，我们看到人在说谎时，会比说真话时用到更多的

大脑资源。因为说了谎话就必须继续说，才不会露出马脚，所以大脑要花很多的资源去记得你曾经对什么人讲过什么话；但是如果说实话，因为只有一个版本，就不必花脑力去记。人是比较喜欢说实话的，因为大脑很懒，它希望用最少的力气就可以过一天[1]。

我们也的确在实验中看到，大脑前额叶皮质在说真话和说假话时的血流量各有不同。所以人如果有选择，他会讲真话；通常是被逼急了，才会用谎话来脱身。但反社会人格的人是例外，他们说谎欺骗是家常便饭，毫不觉得内疚，实验发现，他们在所谓"道德的脑"这个大脑部位有缺失，所以把说谎欺骗视为稀松平常。

不要小看称呼，它展现的是你对孩子的教养

对人的称呼也是教养的一种，我父亲非常在意我们的应对进退，他很怕人家说"洪福增的女儿没有教养"。我母亲也会像Bubu老师的母亲一样，我们一做错事，就马上告诉我们为什么刚刚的行为是不对的。她教我们要谦称自己、恭称别人的礼仪，因为母亲生长在福州，福州为八闽之地，很讲究古礼，有教养的人都谦称自己为"奴"。所以，我对现在的人称呼自己的先生、太太为"老公、老婆"觉得很刺耳，两岸刚开放时，对内地人称自己太太为"夫人"更感到惊讶，因为那是对上级长官眷属的尊称。虽然不必谦虚到称自己的太太为"贱内、拙荆"，但称"夫人"又太不恰当，

---

[1] 这是诺贝尔奖得主丹尼尔·卡纳曼（Daniel Kahneman）的名言。

我倒觉得普通话的"牵手"很温馨，有那种白头偕老的感觉。父母亲不要小看称呼，它展现的是你对孩子的教养。

我们可以让孩子在家里随意一点儿，但是在外面一定要庄重，不然人家会以为你的孩子没有家教。但是不管在家或在外，核心的礼貌并不因此而有所不同，因为它是一种"诚于中，形于外"的表现，如果不是这样，那种礼貌就是虚伪。其实，越是亲近的人，礼貌才更重要，因为维持一份关系最重要的是"敬"，没有尊敬，关系不会长久，对父母更要敬，孔子说："不敬，何以别乎？"

蹲下来跟孩子说话，
从他的角度看出去

如何和孩子用语言好好沟通？

Bubu 老师

- 父母对孩子说话，不需要关注自己口才好不好。

- 我们跟孩子之间有误会，并不是因为自己话说得不够好，而是因为眼睛看得不够仔细、心不够体贴。

- 要与孩子顺利沟通，不要对方法有迷思，要用心了解孩子有限的经验与他所处的状况，也要想办法让他了解我们的要求与期待。

洪兰老师

- 很多大人看到孩子伶牙俐齿，就以为他什么都懂，其实大人若用了他们不曾听过的字或句法，他们就会很疑惑，只是不会问，这时大人要改变问句的形式，尽量用孩子能懂的句法。

- 做个好父母，请记得一定要蹲下来跟孩子讲话，从他的角度看出去，才会明了他为什么有这个反应。

请问洪兰老师

特别懂得跟孩子说话的人，诚恳是最重要的关键

有些成人很懂得跟孩子沟通，有些人对孩子说话则很僵硬。如果仔细分析特别懂得跟孩子说话的人，都不难察觉诚恳是其中的关键。只有真正想要听懂与说动的时候，我们才会设身处地、主动去推想对方是否正确接收到我们所传递的讯息。

天下的父母都希望孩子能"听话"，我认为父母天生有爱，绝没有要欺负自己孩子的意思，只是因为不懂得好好传达，就把希望"你听懂我话中道理"的本意，逼成了"我说了算"的口气。再加上操弄教育的人以此大做文章，硬把经验传承与施加威权紧紧相连，把肯听从长辈指导的孩子说成屈从于命令、没有主见，这种种影响使得更多父母师长不只不敢希望孩子好好听他们说话，甚至连最根本的纪律与做人道理都不敢开口教导了。

我心目中有个很会对孩子说话的父亲，他是一百多年前的梁启超先生。我曾在一篇推荐序中分析他给孩子写的家书，里面有三种打动我的角度，在这里节录其中关于"语言"的角度：

我很喜欢梁启超先生对孩子说话的语言与口气，有亲昵有严厉，有大方向有小细节。我认为他之所以能在教育孩子上如此自如，

是因为把教育放在一致的价值观上思考细节,因此"期待"与"不舍"不自相矛盾。什么时候鼓励孩子为坚持信念而吃苦,什么时候又不舍得他们白吃苦,他都可以在或重或轻的说话中清楚地表达自己的思考。我只能说,父母表达自己如果能达到梁启超先生的境界,"爱"对于我们的滋润就真正宽广了。

父母对孩子说话,不需要关注自己口才好不好。我们跟孩子之间有误会,并不是因为话说得不够好,而是因为眼睛看得不够仔细、心不够体贴。要与孩子顺利沟通,不要对方法有迷思,要用心了解孩子有限的经验与他所处的状况,也要想办法让他了解我们的要求与期待。

我们在问题中使用的语言,孩子真的了解吗?

有位年轻朋友跟我说,她四岁的侄女很偏食,课后的点心只吃菠萝面包和盐酥鸡,我听了之后问了她一些细节,比如说,妈妈去接她下课时,是以哪一种方式得知孩子想吃的点心。果然,孩子的答案确实是从母亲所给的选项中择一而出。起先母亲并没有注意到自己答案的局限性,多次之后,发现即使不给孩子选项,这两样东西也成了她最常回复的答案。

与孩子问答的时候,我通常关注这件事:我在问题中使用的语言,孩子真的了解吗?

如果在第一次提问后发现他们面露疑惑的表情,我就绝不再重说同样的话，而是改用另一种说法。在转换用语时，我也随即会确认语句中是否有任何信息对我来说是理所当然，但对孩子来说可能是陌生难懂的。

记得三十年前，我的姐姐和我坐在家中陪伴她一岁多的女儿玩。孩子当时很爱走路，但还不会说话，我们姐妹俩一边聊天，一边陪她玩游戏，差遣她去屋里的一个角落拿个东西给我们，再去另一个房间找她的玩具出来。孩子很聪明，都一一拿对了！后来，姐姐对孩子说："时时，去冰箱拿橘子给妈妈和阿姨吃。"我看到小外甥女听完话之后，快步地跑到冰箱旁，举高手，搭着扶手拉开冰箱看了看，接着却关上冰箱无功而返。我们以为她没听懂，又交代一次，孩子听完又兴奋地咚咚咚走去开冰箱，再往里面看了看，关门又走了回来。

大姐疑惑了一下，喃喃自语说："难道我没有把橘子放进冰箱吗？"当姐姐确认东西是在冰箱之后，突然想起这是今年第一次买橘子，对女儿来说，也是指事认物后第一次看到和听说橘子！但因为橘子对我们来说是如此熟悉，所以我们都没有在第一时间想到孩子空手而回其实是最正常的反应。

我举的例子虽是发生在年龄很小的孩子身上，但无论哪一个阶段，跟孩子相处总有类似的问题存在，"你怎么会连这种事都不知道"成了大人经常动怒的原因。我想听听洪兰老师的意见，您认为父母该如何调整这种因为经验不同而产生的误会？您是否也觉得成人有责任先就听话对象的经验来确认他们理解事物的能力，这样才能慢慢增进亲子之间沟通的质量？

问而不答，是没有能力回答还是不肯反应？

以上说的是"问"的部分，另外，我也会注意：孩子有没有能力回答？

通常，一个孩子如果在回答问题时有困难，会出现几种态度：

1. 尴尬地顾左右而言他或胡言乱语。

2. 当作没听到，不回答。

不过，这些情况都还可以确定他们已经听到，所以我希望自己能主动帮助完成沟通，让孩子学习更正确地提问、更精准地回答。

最头痛的是，现在有很多孩子习惯问而不答，甚至无法从表情上判断他们的感受。据我了解，虽然亲师两方对此都深有同感，却没有作为。在教学上，问而不答已经造成很大的资源浪费，本来可以一次解决的问题，却因为受教者不回应而停在原点，得花时间几次确认后才能再往前；其次，互动不良的情况也会影响教学气氛和学习的热忱。

因为感觉到这种状况太严重，我开始更仔细地观察社会上亲子与师生的相处，其实有很多父母或师长，自己并没有做到在第一时间好好答复的榜样。所以，我能不能以此推论孩子的问而不答是一种身教的影响？洪兰老师如何看待这个问题？一个人为什么会对外界没有了反应？他的大脑到底出了什么问题？亲师又应该如何注意这方面的教导？

指导、拒绝或禁止，都要用更具体的解释来传达

所有孩子都不喜欢被责难或受训诲，但多数人却在听训中长大。成人因为有照料与管教的责任，所以日常生活中总需要拒绝、纠正或指导孩子，到底该怎么说话才能让孩子轻易听懂，应该是许多父母、老师的愿望与功课。

我曾看过一部印象深刻的电影，觉得故事中大人对孩子说话的方式真好，说服与解释原来可以这么进行，很值得参考。电影中的小女孩替母亲去放羊时，捡到了一只走失的小黄狗，她好喜欢，很想养，但她知道父亲绝不允许，所以偷偷把小狗藏在羊群中，等父亲出门才带出来。小女孩的母亲看见孩子的心思，也知道逐水草而居的生活条件不允许他们养只狗，有一天，她趁着与孩子一起做奶酪的时间，跟孩子谈起小狗的事，要女儿把狗送回洞中。

孩子抱怨说，小狗这么可爱，你们却不要它，好坏！妈妈说，不是可不可爱的问题，她放下正与孩子一起切割的奶酪块，对女儿说："放下东西，把你的手往后弯，用嘴巴咬，看你能不能咬到手掌心？"

孩子咬了好几次，总是咬不到，她笑了起来，妈妈鼓励她说："再试试！"几次之后，孩子知道真的咬不到，母亲这才转入自己想教导的正题，她说："你看，连近在眼前的东西你都有得不到的时候，所以，我们不能看到的东西都想要。"之后，女孩还是每天带着狗去放羊，但她在水边独自一人的时候，会弯起手掌试着咬，一边想着母亲的话。

这故事让我想起类似的一件事。我曾在超市看到一个孩子要母亲买样东西，只听到妈妈怒声对孩子呵斥："你以为我们是有钱人吗？你以为我们买得起吗？"在旁边听到这些话时，我觉得很难受，要孩子放弃一个期望并不残忍，但这样的说法就很粗暴。在结果无可商量的局限下，父母仍然可以选择较好的方式来表达自己的坚持。

执行照料与管教之责，必须心平气和且直话直说

电影中还有一段对话也很好。小女孩走失了，被另一个蒙古包的老奶奶收留，老奶奶讲了一个小狗的故事给孩子听，孩子听得津津有味之后，问了一个很深奥的问题："下一辈子要转世当人很难吗？"老奶奶并没有直接回答孩子"难"或"不难"，她拿起一根针，抓起一把米，把米从空中往针尖上撒。接着她要孩子也学着这么做，并交代说："如果有米粒站在针尖上，就告诉我！"孩子高兴地来来回回试了又试，总不见一粒米能被针尖扎住。就在她轻声叹道"好难哦！根本不可能"时，老奶奶说："要转世为人就是这么难，所以我们的生命才这么宝贵。"

看到这一段，我觉得很有感触，"难"这个字要解释真是不容易，但通过一件真正显示困难的事情，"难"就变成"可以被了解"的观念。也许，我们与孩子沟通的时候，无论是指导、解释、拒绝或禁止，都应该想办法让他们从更具体的事物或现象来了解我们所要传达的意思。

成人带着情绪、语焉不详地与孩子对话最不好。有一次，我在公共厕所听到一个母亲高声问道："你在里面做什么？""尿尿。"孩子回答。那母亲说："你最好是！"我一直想不通这样的语气与用词到底代表什么意思，但如果我是那孩子，应该会感觉自己受到某种怀疑或威胁，而类似的暧昧沟通，生活中十分常见。不适当的用词也是孩子学习沟通的阻碍，我曾在一所小学的厕所看到校方张贴的纸条上写着："上厕所后不冲水，天理不容。"学校是教导表达的场合，应该更注意适当的遣词用字，因为孩子总会在不知不觉中受到影响。

　　如果父母要孩子相信执行照料与管教有应守的原则，我们得心平气和且直话直说，语意若是不明确，很容易引发孩子想要探索他们的行为被容忍的极限。我最常听到的是，在公共场所里，父母亲想制止孩子，却没有真正的作为，他们总是先低声对孩子说："下来"或"不准摸"！一次、两次之后，声音越提越高，直到最后化为一声足以影响环境的怒吼或一记巴掌才有效。但环境已被践踏、货品已被拨乱，父母又被投以异样的眼光，徒增尴尬。所以，父母的用词与语气如果不能与行动相辅相成，教养的工作一定事倍功半。

给Bubu的回应

母语的学习，听比说早熟，而且需要时间摸索

说话是艺术，虽然每个人都会说话，但说得好、说不好差别很大。在犯罪心理学上有个很有趣的现象，即问话的方式可以导致他想要的答案。比如问"他很高吗？"这句话是中性的，可以回答是或不是，不带任何暗示；但是问"他很矮吗？"这句话就有负面的含义，意指这个人很矮。所以法庭上不允许提出引导答案性的问句（leading question），它会入人于罪，这一点要非常小心。

问话的技巧即使在家中也很重要。有个妈妈喜欢问孩子："今天在学校，肚子有没有痛？"孩子本来不痛，妈妈问多了，便觉得应该要痛，后来碰到考试或不想上体育课，就用肚子痛当借口。老师一直到家庭访问时，才知道这孩子早产，小时候夜里常因肚子胀气痛得哭起来，所以妈妈就养成了每天问他肚子痛不痛的习惯。

在大脑发展上，听的机制比说的机制早熟，即大脑中主管语言理解的威尼基区（Wernicke's area）比控制舌头嘴唇发音的布罗卡区（Broca's area）早熟，所以孩子常常是听得懂，却说不出口。成熟是缓慢的，它需要时间，孩子每天都在长大，等到进了幼儿园，有跟别人沟通的需要时，语言能力便会突飞猛进，在孩子小的时候，

前后一个月的差别是很大的。

很多大人看到孩子伶牙俐齿，就以为他什么都懂，其实大人如果用了他们不曾听过的字或句法，他们就会很疑惑，只是不会问。我从来不曾听过孩子说："我不懂，请你再讲一遍。"都是假装懂，揣摩大人的意思来回答。孩子不会问，是因为母语的学习是试错（trial and error），从尝试中学习。听到不会的，大脑便去猜它可能是什么，在脑海中形成几个假设，然后逐渐把不对的假设剔除，所以他们不会想到去问或请别人再说一次，因为这不是他们学习的方式。如果选对了，他就学会了这个字的意义；如果不对，他会在第二次听到这个字时，猜另一个可能的意思，直到对了为止。这是一个非常强大（powerful）的学习方式，也是为什么母语使用者都是会说却讲不出它的文法规则，因为母语的学习不是像第二语言那样从文法着手的。

所以，这个时候最好的方法，就是像Bubu老师一样，换一个方式来问，而不是重复同样的句子。要知道，孩子不是听不见，而是听不懂。很多父母分不清这个区别，大声地把问句再重说一次，这反而会使孩子害怕（怕被骂"怎么这么笨，听不懂？"）。下次当孩子面露疑惑时，请记住，母语的学习是靠摸索的，他在摸索，所以请给他时间，耐心地等待他学会。

孩子不懂的问题，跟大人想象的不同

另一个孩子不是不懂、只是不知你在问什么的好例子，是皮

128

亚杰（Jean Piaget）的守恒（conservation）实验。皮亚杰用五颗弹珠在桌上排成一行，又用五颗排成另一行，但把间距拉大，让它看起来比较长；接着他再把第六颗弹珠放到第一行上，然后问孩子："哪一行比较多？"结果六岁以下的孩子会指第二行。皮亚杰便下结论说，具体操作期以前的孩子没有守恒的概念。但事实并非如此。

一九八九年，加州大学洛杉矶校区的心理学教授盖尔曼（R. Gelman）重做这个实验，她用五颗巧克力糖排成一行，再拿五颗巧克力糖排成第二行，但是把间距拉大，让它看起来比较长，就跟上述实验一样。然后她把第六颗巧克力糖放在第一行，但她不问哪个长哪个短，也不问哪个多哪个少，而是跟小朋友说："你只能选一行拿。"结果两岁半的孩子就知道选第一行多吃一颗。所以，很多时候孩子是不知道你在问什么，而不是不懂，这时大人要改变问句的形式，尽量用孩子能懂的句法。

学校的考试也经常犯同样的错误。小学二年级下学期教的是整数的概念，而考试题目从我念小学到现在都是："小于一百的最大整数是什么？"对七岁的孩子来说，"小于什么，又最大什么"，很不容易懂。有一次，有个本身也是小学老师的妈妈在家里教她的老二，孩子听不懂，母亲便发怒了："我是老师怎么会教不好？你不会，那一定是你没有用心听。"便叫老大拿棍子来，说"打了就会"。老大很好，马上跑过来帮忙，跟弟弟说："妈妈要给你一个红包，里面多少钱你自己决定，但是不能超过一百元，那你要多少？"弟弟毫不犹豫地就说："九十九元。"

有时很感叹，人类都上月球了，大人的观念仍然没有变，还是有很多父母认为孩子打了就会。所以做个好父母，请记得一定要蹲下来跟孩子讲话，从他的角度看出去，才会明了他为什么有这个反应。有时孩子个头矮，看不见柜子顶上的东西，他说没有时，不要骂他："瞎子，明明有，为什么看不见。"孩子做错事，他会接受惩罚，他不接受的是冤枉，两岁半的孩子受了冤枉，就会哭个不停了。

先确定孩子了解你说话的情境，而且不要给太多选择

聆听别人说话，其实是件很困难的事，因为每个人心中都已有自己的定见，如果对方跟你不在同一条线，那么真的是鸡同鸭讲，尤其中文的同音字又多，更易出错。有一次，作家黄春明、我以及两个朋友在渡轮上闲聊，黄春明说水手穿喇叭裤是因为弃船时裤子容易脱落，不会粘在身上妨碍游泳。我听的是"弃船"，所以没问题；另外两个朋友听成"气喘"，就问："气喘为什么要脱裤子？这跟水手有什么关系？"这种情况其实每天都在发生。

所以，大人跟孩子说话时，先要确定他了解你说话的"情境"（context），当他不懂你在说什么时，先不要发火，把问题想一下，可能是哪里出了错，解释给他听。不要给孩子很多选择，如果他选了，后来又不要时，先看一下是否名字和对象的配对还未连接好。

例如，我姐姐的孩子小时候分不清楚"姥姥"家和"奶奶"家的音，我母亲家有狗，也有猫，他喜欢来；奶奶家只有两个老人，他不喜欢去。有一次孩子以为去姥姥家，欢天喜地上了车，结果

发现是去奶奶家便大哭，吵着要下车。姐夫大怒，把车子停在路边吼着说："明明是你自己选的，现在又说不要。"其实孩子不会随便发脾气，他是发现他要的跟预期的不一样，又说不出来为什么明明是去姥姥家，现在却变成去奶奶家，所以才会大哭。大人只要设身处地地想一想，便知道问题出在哪里，也不会生气了。

至于问而不答，是极端不礼貌的行为，一般父母是不允许孩子如此放肆的。当然孩子的行为来自模仿，如果父母相敬如宾，孩子也就学不到这个坏习惯。老师问，学生不答，老师要追究不回答的原因，是不知道答案，还是瞧不起老师不愿答，但无论如何绝对不要因不想答（不理睬）而放过学生，做老师的有教导他保持正确态度的责任。今天孩子的行为有很多源自我们大人，如果大人不检讨自己，也就难怪孩子不礼貌了。

减少一点儿用来赚钱的时间，陪陪孩子

没有人喜欢听训，跟孩子讲道理时，不要先板起面孔，一副山雨欲来风满楼的样子，也不要说："你过来，妈想跟你说句话。"通常孩子一听到这种话马上会恐惧。从过去的经验中，他知道准没好事，就会想办法找借口逃避，或把耳朵关掉，在心里说："我不要听，我不要听……"这时，大人的话都还没说出口，功效已经减少一半了。所以，最好的方法是在睡觉前，把白天处罚他的道理编成床边故事，讲给他听，像是"从前有只大野狼……"，他一开始不知道你在编派他，等他发觉时，故事已讲完，道理已进

入他心中，这时再把白天的事拿出来分析，他就知道为什么下次不可以做了。

很多父母觉得自己很忙，没有时间跟孩子讲道理，直接拿棍子打一顿，行为照样会消失，又快又有效。行为虽然一样消失，但背后引发的行为机制却不同。一个是心悦诚服，孩子为了不让你伤心、难过和失望，自己决定不要做；另一个是为了怕打而不敢做，你一不在，没有被打的威胁时，坏行为就又出现了。

所以，从长远看来，花时间跟孩子讲道理是必要的，尤其父母生儿育女都是希望把自己的基因传下去，孩子不成才，自己的一生等于白过（演化对成功的定义是基因传下去的成功率），钱赚得再多又有什么意义呢？不如把赚钱给孩子买洋房、汽车的时间和心力拿来用在孩子身上。玉不琢，不成器；人不学，不知义。在演化上，只有子代比亲代更好时，才是成功；也就是说，青出于蓝还不够，必须更胜于蓝时，在演化上，你才是成功。

用优良正确的语言，
做孩子的沟通榜样

如何让孩子学习说话的礼貌与美感？

Bubu老师

- 孩子们说话，都是先模仿身边环境的用词与表达方式，但他们并不知道这些说法是否正确。

- 可以传达同一种心思的话语有好多种，慎选一种能同时正确传达意义与情感的用词，切入对方的内心，就是语言的素养。

洪兰老师

- 良好的说话方式需要有榜样依循。

- 孩子对长辈的礼貌，不论在什么社会都不可以忽略，这是为人子女最基本的礼貌。

- 不礼貌的说话方式，只会反映出自己的粗俗，一点儿也不能伤害到对方。

请问洪兰老师

"分际失守"的缺失，同样反映在言语的教导上

在讨论教育问题时，大家经常提起上一代的缺失，比如说，只准听不准说的威权，或父母对孩子讲话用词严厉。但是，当教养方式过度修正之后，父母一方面把经验不足的孩子提升到他们本不该有的人际位置（比如说，事无大小都要先问孩子的意见），另一方面又把自己本该为孩子做示范的标准降低到跟他们一样。我们很少检讨这个分际失守、口无遮拦的时代在言语教导上的缺失。

台湾的父母越来越重视"语言教育"，小朋友已早早在学习第二外语，但是要求多学几种语言的家庭，却并不一定重视平日的言谈教养。另一方面，儿童比过去更早接触复杂的外界，大环境言谈素质下降，连过去最重视质量的传播系统都不再对自己的发言负起职业责任，孩子听学几年，谈吐随着改变，他们甚至认为，粗鲁可以证明彼此亲近的程度，搞笑或尖酸刻薄能引起注意，低俗成为赢得认同的表达方式。

原本外界环境虽有一股影响力，家庭仍是最后的把关地，但如今也有很多父母认为，"家"应该是让孩子放松的地方，讲话客气是见外的，于是从小就给了孩子两套人际交往标准。有一次我跟一对亲子一起工作，孩子右转对我说话时客气有礼，左转对母

亲说话却粗糙蛮横，因为这种态度与用词的差异同存于一个时空中，所以更让人看到问题的所在。我对孩子说了一句话，他其实很快就明白，教导也并不费力。我说："凯文，你不会对Bubu阿姨说的话，就不可以对妈妈说。"只要让这个小学二年级的孩子了解，他的妈妈和我对他来说是一样的，我们都是"长辈"，他必须以同样的礼貌跟我们沟通。

未能及时地指正提醒，将导致未来的难堪评价

我曾看过一个言语失教的孩子长大受苦。这小女孩小时候说话无礼时，父母老是在别人面前说她是"可爱直率、不做作""很天真，有什么说什么"；成长期间，说话的方式、音量都没有陶养，进入社会后，身边的朋友就更不敢提醒指正了。现在，换成她的父母常在别人面前既遗憾又抱歉地说："我的女儿就是这么粗鲁，不过，她就是傻大姐，心地非常善良。"有一次，她的父亲因为心情很不好，又听到女儿说话无礼不中听，竟在大家面前就破口大骂起孩子，让朋友都很尴尬。

父母一定要深思，有些教导在童年执行并不算是严格，但如果施教于应该具备常识的年龄，将会显得非常难堪，这就是父母应该替孩子考虑的事。即使有些难堪父母从头到尾都不舍得给，但其他人不一定会替孩子考虑那么多，这时孩子所受到的已不叫"指正"，而是一种"评价"了，那才是严重的伤害。话说回来，孩子如果从小用的是同一种礼貌面对生活，无须因人因环境调整

态度，这不是更愉快吗？

为什么我们要把说话有礼当成是一种违背人性喜好的负担呢？我只听过有人说话不得体或阿谀、不诚恳而引人不快，还没有听说好好说话使人讨厌的。当我们批评某一国、某一地的水平不够时，用的不也是"粗言糙语""呕哑嘲哳难为听"这一类的形容吗？可见言谈有礼是很重要的。

大人的"言"教，是培育孩子说话素质的重要养分

至于孩子们说话，都是先模仿身边环境的用词与表达方式，但他们并不知道这些说法是否正确。如果我们听到孩子说话有任何不当，除了主动告诉他们此处不对之外，还要同时指出怎么说会更好，日常的句型与应用会慢慢累积成他们自如的谈吐。

比如，我曾经跟一位朋友说，到别人家做客，主人问东西好不好吃时，连"还好"都不应该用，更别提现在流行从闽南语直接翻用的"不错吃"。请帮助孩子了解可以传达同一种心思的话语有好多种，慎选一种能同时正确传达意义与情感的用词，切入对方的内心，就是语言的素养，也是小朋友正需要吸收的经验。

现在的大人为了对孩子表示亲切而忘了语言的身教，经常是用语轻佻，有失辈分伦理，这种示范所带给孩子的影响快速而深刻，让人十分担心。语言教育是多方面素养的集合，有时用词虽无错误，但气氛或角度不对，传达的讯息也跟着失真。孩子唯有从优良正确的话语中才能涵养出真心诚意的表达方式，因此我们不得不从每一

个教育与社会的现场，都灌输给孩子营养。

在我们童年的时候，常听到成人教导我们说话时，用"好听是一句，难听也是一句"来强调开口不要语带轻薄或恶言，要重视别人的感受。如今，说话艺术慢慢地消失在日常生活里，也许孩子是从大人自己的话语中，误以为胡言乱语很可爱。

虽然目前语言的大环境与过去各有着不同的缺失，但影响孩子言谈最主要的两大力量，我想还是家庭与学校，父母与老师应该都有所坚持，并教导正确的沟通形式。洪兰老师认为，现在的孩子难道不能像您与我这个时代的人一样，在说话时自觉地想到他人的感受与美感吗？

学习尊重，要从生活中好好应对教起

好好说话是学习尊重最好的开始，这种美感得从生活应对教起。我想举几个孩子日常对话的缺失，来说明细微之处的重要。

小朋友在厨房工作，一个孩子问另一个说："这个夹子要放在这里吗？"原本很简单的"是"或"不是"，在孩子口中却变成了充满挑衅的"要不然咧"！一个姐姐跟妹妹说："你把这个盆子拿去厨房放好。"我听到的答案不是"好"或"不行"，而是"为什么一定是我？"。另一位小朋友在做午餐时问我："我可以不要吃肉吗？"一个孩子就好奇地问："为什么你不吃肉？我最爱吃肉了。""我会吐！难道你一定要看到我吃完以后吐给你看吗？"

这些话都说得很流利，听起来却让人不开心。我也常提醒孩子"爽"字与"不错"不该随便用，"好恶"则是根本不该用，而用"像一坨大便"来形容眼前的食物，对听话的人更是非常没有礼貌。还有像是"你怎么不去死啦""你很贱呢"……以前只有咒骂与不敬之意，现在竟然是推心置腹的友好用语。这让我想到，从前没有受过教育的人也常会用粗糙的话来反衬相处的趣味，如太太称先生为"凸肚短命"或"死人骨头"。我很担心现在的孩子在还没有吸收好的语言营养之前，先积养了不良的习惯。我们常引荀子的话说："蓬生麻中，不扶而直。"论起语言素养，成人的责任莫甚于此。

为什么粗糙的语言特别容易吸引孩子？这是否跟他们接触新词时的情境有关？孩子在课堂上学到的"生死"或引申为"结束"的用语是"过世、辞世、易箦"，但他们喜欢的却是"嗝屁"这类的语词。一颗蛋煎坏了，只要有人说："我的蛋嗝屁了"，立刻像传染病一样，每个孩子都兴奋地跟着学；连清清秀秀的小女生也会说出"好贱""恶烂"这么难听的话。这是因为人的大脑喜欢一片轻松嬉闹时听到的话语吗？为什么粗言跟坏朋友一样，都比较有拉力？

父母师长不要只批评大环境变坏，自己是否谨言慎行，每天都在影响孩子。有个幼儿园大班的孩子在我的课上非常调皮，他对我宣告："我的老师说我什么事都有自己的想法，她从来没见过意见这么多的孩子。老师说，有时候她都不想'搞'我了。"下课时，我提醒父母，一定要跟老师讨论这种不当的言谈教育。

洪兰老师认为说话该如何教呢，好的说法与不好的说法是否都该让孩子了解？此外，父母常常同意伶牙俐齿逞口舌之快的孩子是反应敏捷，在问而不答的不足与出言不逊的太过之间，亲师双方该如何努力？

给Bubu的回应

随时利用机会，提点孩子应对说话的礼节

良好的说话方式需要有榜样依循。我小时候跟母亲去走亲戚，回来后，母亲会检讨我应对时说话的方式，并教我如何用更委婉的词句（其实就是white lie"善意的谎言"）去表达拒绝之意。因为别人家的饭菜再怎么难吃都要诚心地道谢，然后说："我昨天吃坏了肚子，今天得少吃一些，阿姨，谢谢您，是我没口福。"绝对不能说出会伤人心的话。由于家里的小孩多，母亲是轮流带我们出去做客，但回家的检讨则是大家一起听的，因为母亲说，老二会犯错，想来老三也会，所以集中起来一次教。

我母亲很不喜欢伶牙俐齿的人，常说这种人不忠厚，而不忠厚的人在我们家是拒绝往来户名单上第一名。母亲要我们"话到舌边留半句"，先想一想：讲出来有没有伤到人？如果没有，才可以说。父亲则说："你不能从说中学到任何东西。"要我们多听少说，少说当然也就比较不容易闯祸。

孩子对长辈的礼貌，不论在什么社会都不可以忽略。《弟子规》

说：“父母呼，应勿缓；父母命，行勿懒。”这是为人子女最基本的礼貌，父母不可因溺爱而姑息养奸，应对进退的态度不佳将会阻碍孩子往后在职场上的升迁，也使他交不到好朋友，父母要在孩子很小的时候，就让他们养成好习惯。

语言代表着心境，骂脏话代表心也是脏的

这一时代孩子说话的庸俗，不知是否跟电视节目的低俗化有关系。我记得以前粗话（如“三字经”）是不可以出现在屏幕上的，如果有人讲了粗话，电视就会有“哔”一声，把他的粗话盖过去。父母都会告诉我们讲粗话是代表自己没有修养、没有品位，反映出自己是个没读过书的粗人，所以骂人反骂己。

曾几何时，这些粗话已变成可以登上屏幕的语言，又因某些低俗的艺人，而变成表示亲密的口头禅了。因为大人自己讲话没分寸，小孩有样学样、变本加厉后，就出现了Bubu老师所说的那种“要不然咧”“你大便啦”“你去死好了”“你很烦”等很不礼貌的说话方式了。他们完全不了解这种说话方式只反映出自己的粗俗，一点儿也不能伤害对方。好像苏东坡笑佛印是粪时，苏小妹跟他说，他输了，因为他的话反映出他的眼光。佛印心中是佛，所以他看众生皆是佛；苏东坡心中是粪，所以他看众生皆是粪。这是一个很好的故事，让孩子知道嘴里骂脏话，好像很爽，其实语言代表着心境，骂脏话的人，就像苏小妹说的，代表他自己的心是脏的。

培养爱他人的能力，
从家庭服务做起

如何建立孩子的服务精神和工作技能？

Bubu老师

- 服务的心无论如何都得从家庭扎根，才是正确永久的。

- 孩子在小的时候也许会先视家务为劳苦之事，但只要父母持续地带领，就能帮助他们了解，通过服务能传达对彼此的爱。而有能力去爱人的孩子，也才会感受到被爱的美好，这是一体两面的教育。

洪兰老师

- 孩子是家中的一份子，帮忙家务天经地义，我不赞成给孩子酬劳，一给酬劳就变成了雇佣关系，不给钱孩子就不再肯做了。

- 最不应该的，就是用服务来换取申请大学的积分，有目的的服务就像有目的的微笑一样，令人起鸡皮疙瘩，因为你不知道他背后的意图在哪里。

请问洪兰老师

为了升学所需要的包装，我们把教育都作假了

今天在路上看到一位老师带着两个小朋友在校园与小区的交界清洁人行步道，孩子拿着扫把嬉闹，老师也跟着起哄。想起上次与洪兰老师见面时，您曾说过，看现在的大学生拿扫把扫地真是难受，我也深有同感！

前不久，我还看到一个节目报道一群医学生去小区服务老人，说他们多么有爱心、多么能干，但我看到的影片里是七八个大孩子在老人家里玩闹、下厨做菜，而后再与老人共餐。我心想，这算是服务吗？如今为了多元升学所需要的包装，我们把教育都作假了，不只牺牲原本可以给予的教导，还因为创造了假荣誉给孩子，而直接影响他们对诚实的价值观。

我自己还是小学生的时代，虽然没有听过小区服务，但我们在学校里每天都有"劳动服务"，扫教室、走廊，擦窗户、桌椅，洗厕所和负责照顾好被分配到的一小块操场跑道。有时候下课，几个同学会相约一起去拔自己负责的那块地上的杂草、捡碎石块，希望那块地跟别人照顾的一样美丽。当时，教育没有太多口号，但多数的孩子在家或在学校，都理所当然地分担生活杂务。

这十几年来，生活教育的基本价值观改变了，改变的理由或

许是家长也跟着制度变势利了，只要一提起与升学积分有关的小区服务，大家都很热情。但是，一个人在做小区服务之前，还有自己的家与就读的学校可以服务，孩子们是否真的从家做起？或只在小区表演服务？我想请教洪兰老师怎么看待小区服务的精神，以及该如何做才不会使其流于形式、变成升学的工具？

投入社会服务是重要的教育，但得由内而外、循序渐进

二〇〇一年，我的大女儿在新加坡美国学校就读十一年级，每个星期课后有两天，她与几位同学会到一所老人院去帮忙复健活动与晚餐服务。从学校到老人院要先搭捷运再转公交车，的确花费不少时间，有几位家长觉得这样太浪费孩子的时间，打算轮流当他们的司机负责接送。我很反对，我的主张很简单，如果这些孩子连自己去一个地方的交通都要人服务，那他们其实也不用去服务他人了。

事实上，据我观察，孩子起先并未期待有人接送，但身边的大人总是太体贴，帮他们精算宝贵的读书时间，或不忍心一路的舟车劳顿，到后来，原本有意义的教育就变假了。尤其在升学评议的参考下，许多小区服务与比赛一样，都在为升学目标服务，但是，真正重视教育的家长却不能不对此有所警惕。

有一次我应邀去儿童营对家长演讲，时间到了，但是场地除了志工之外没有家长，主办人很不好意思地跟我说："老师可以等十分钟再开始吗？父母正在洗碗，会晚一点儿到。"我笑着说："碗

不是应该让孩子洗吗？"

正确踏实的小区服务是诚实教育的一环，如果父母让孩子感觉到小区服务不过是为了申请大学而做的积分准备，他们是无法从中学习到服务精神与工作技术的。嬉嬉闹闹地打着服务名号进行的活动很好玩，最终还会拿到一纸时数证明，但价值却扭曲了。

另外，有一些父母还会发动自己的人脉资源，去为孩子争取"比较有用"的小区服务机会，洪兰老师对此又有什么看法？我们是否为了送孩子进一所好大学，而做了许多伤根害本的教育，曲解了教育的意义并受其害？

我认为孩子加入整个社会的服务是重要的教育，但这份教育得由内而外、循序渐进。如果一个孩子只热心做小区服务，在家却不肯帮忙，父母应该尽快调整孩子的价值观，不要只是轻松地认为，他们在人前都是很不错的！对于这种情况，洪兰老师同意我的想法吗？又会给家长什么样的建议？

从家务的基本贡献，让孩子体会自己也有爱人的能力

现在的小朋友表面上看起来很幸福，但他们只享受被爱，却很少体会自己也有爱人的能力、体验到服务的快乐，因此在外面表现成了一种舞台，可以赢得赞美。但这并不是说父母在家要模仿外人不断赞美孩子，我们应该让孩子了解，因为他的付出，家里得到了什么样的实质帮助。为什么不要忽略孩子在家里的基本贡献，以下这段文字是一位母亲给我的信，这也是许多父母共同

的担心，希望提供给大家参考。

我的孩子不喜欢做家事，但在学校，她却又很愿意继续做其他孩子不喜欢做的厕所清扫工作，我对她内外的不一致，一直百思不解。因为练习量不够，以及习于规避不喜欢的事，她现在的状况就如您在课堂提到的——生活观察力及完成一件事情的整体规划思考力都不足！

不知您当初是如何要求与教导您的孩子，让她愿意持续不断于家事工作的？

这是我的回信：

信中所提的问题，我完全能够体会，有些孩子一失去赞美声就不能前进。他们还小，必须得到更多的帮助与扶持，才能改变只从外界、从成人评价中所建构而成的自我价值。

在家与在外判若两人，是新一代孩子的通病，也是成人需要检讨的部分。要从生活的实务工作自然地帮助孩子去发现自己有能力爱人，而非以表现来跟手足竞争或博取父母的赞赏。

我母亲到现在还经常跟朋友提起，她养我这个女儿很得安慰，我在成大住校的时候，每到寒假前的学期末总会写信回家，再三叮咛母亲不要提前大扫除，一定要等我回家一起做。写出这段故事不是要炫耀自己有多乖巧，而是想借此提醒家长，服务的心无论如何都得从家庭扎根，才是正确永久的，也才能一代传一代。孩子在小的时候也许会先视家务为劳苦之事，但只要父母持续地带领，就能帮助他们了解，通过服务能传达对彼此的爱。而有能力去爱人的孩子，也才会感受到被爱的美好，这是一体两面的教育。

现在有很多父母无法跟孩子好好在家生活，只能一起做消费性的娱乐活动，例如：旅行、购物、看电影、看电视，有些父母甚至很怕跟孩子一起待在家，觉得没事可做，不知如何相处。所以，孩子小的时候就要培养他们爱家人的习惯，如果家庭与学校的服务得到了真正落实，小区服务也就水到渠成，再自然不过。

威胁与贿赂都无法教会孩子，彼此体谅才是爱的本质

再回头说爱从家庭做起，每个孩子都需要得到赏识，需要感觉到自己有贡献的能力，但父母不要误会他们要的是言语的赞美或金钱的贿赂，所以赞美不要过度，更不要孩子只付出一点儿劳力，就立刻支付酬劳来表达感谢，并期望他们因此更加体贴。一般的家庭工作应该由家人分担，有特别的大扫除时，则可比照请外人来帮忙一样支付一点儿薪水，但不要忘记，威胁与贿赂都无法教会孩子，彼此体谅才是爱的本质。

我曾遇到一个女孩，她母亲规定她下课后回家要先煮一锅饭，等妈妈回家再做菜，但这孩子非常讨厌这份工作。有一次我跟她提起自己小学时如何帮助母亲，并告诉她，她做的这份工作对她的家庭有很大的意义。之后我接到她妈妈的来信，说小女孩从此

不但很乐意帮忙，还问她可以多做什么。我读信后很高兴，相信这个孩子不仅会越来越能干，而且一定会越来越快乐！

给Bubu的回应

孩子要先体会父母的辛劳，才会心甘情愿为父母分劳

中国人对好命不好命的定义，就是要不要动手做事，像《红楼梦》的贾母，那就是好命，整天有丫鬟伺候，连一杯水都不必自己站起来倒。或许是这种观念，使得在台湾推行劳动服务非常困难，大家都觉得要动手做事是歹命。曾有家长说，孩子要服务，何必那么老远去山地？我家里就有一堆事没人做。我也记得东海大学刚成立时，所有学生要扫校园，还要洗厕所，我们家一位长辈就来跟我母亲哭诉，她一想到孩子要去扫地，晚上就睡不着，因为舍不得让她去做用人的事啊。

我们小时候不但要做伯母口中所说的那些用人的事，还要去外公家帮外婆做那些事，因为外婆年纪大，做不动了。我从不觉得做这些事有什么值得哭的地方，毕竟像我母亲说的，力气用完，睡一觉又回来了。而且以前念中学时是进了校门就不准出去，但打扫的时候可以公然出校门，只要拿着竹扫帚，教官就不会阻拦，所以几个同学一起去校墙外扫地就变成一天中最令人期待的时光。

因为在学校也不准吃零食，有个家境较好的同学常带糖来分享，大家就在扫地时偷偷吃，那个甜甜的滋味我到现在都还记得，至于巧克力我是去了美国才吃到，之前只听过名字。

培养爱人的能力真的要从家中做起，孩子要先体会到父母的辛劳，才会心甘情愿地为父母分劳。家庭也是训练孩子将来进入社会后照顾自己生活最好的地方。我因为从小煮饭，所以后来煮饭放多少水，用目测也八九不离十，但我也看过有同学没了量杯便毫无概念。我觉得以前家人的向心力比较紧密，或许是跟每个人都得分摊家务、都为着同一个家在努力有关系。

要让孩子看到自己的价值，服务是最好的方式

孩子是家中的一份子，帮忙做家务天经地义，我不赞成给孩子酬劳，一给酬劳就变成了雇佣关系，不给钱孩子就不肯再做了。当然最不应该的，就是用服务来换取申请大学的积分，有目的的服务就像有目的的微笑一样，令人起鸡皮疙瘩，因为你不知道他背后的意图在哪里。

美国作家玛莎·格兰姆斯（Martha Grimes）说得好："我们不知道自己是谁，直到我们发现自己可以做些什么。"（We don't know who we are until we see what we can do.）当我们去服务他人时，从自己的行为中就会看到自己的价值，早一点儿让孩子知道人生是什么，不是很好吗？我们做大人的不是最怕孩子"成长得太快，成熟得太慢"吗？离开熟悉的家庭环境去接触不同的人群，孩子才

会领悟到原来我是如此的幸福，才会感恩；他也会从别人对他的感恩中，看到自己的价值，知道自己是个什么样的人。

服务是让孩子了解自己价值最好的方式，不过配套措施一定要完善，不能让孩子被骗，羊入虎口。父母也应该先教导孩子正确的服务观念后，再送他去服务，不然会造成别人的困扰，不但没帮上忙，别人还得来服侍他。

"四体不勤，五谷不分"在以前是种耻辱，现在却变成好命的指标。台湾农委会最近推动的农村再造非常好，很高兴看到越来越多的大学生回乡去讨生活，照顾父母，使老有所终；运用自己在大学所学的新科技在云端创业，壮有所用；孩子在田间奔跑长大，幼有所养：这才是真正的从家庭做起。

吃苦的精神，是现在的孩子要通过服务去学会的

吃苦耐劳一直是中国评鉴一个年轻人有没有前途的指标，我很担心这项优良的品德会被目前这个社会所轻蔑。我外公把我母亲嫁给他乡异县的父亲（我母亲是福州人，父亲是同安人，同属福建省，但相隔很远，连方言都不同），就是看到我父亲在办公时会把衬衫的袖子卷起来，免得手肘处磨破，他觉得一个富家子弟懂得惜物，以后会有前途。我父亲也的确两手空空来到台湾，凭着吃苦耐劳，打了一片天下出来。这种"没有吃不了的苦"的精神，是现在富裕社会中长大的孩子要通过服务去学会的。

我去美国读书时，父亲给我看过一张祖父当年只身去南洋打

天下的相片，那艘木舢板竟能经得起风浪，令我十分惊讶。父亲说一个人有两只手，只养一张嘴，只要肯做，没有活不下去的道理。职务无贵贱，事情无大小，看到了就把手伸出去做，做就是学，钱会丢掉，但学到的技术会一辈子跟着你。最可靠的人是镜子中的自己，最能依赖的是已经会的技术，所以我"三刀"——菜刀、剪刀、剃头刀都会，因为薄艺随身胜过良田万顷。祖父留给父亲的田产在台湾一块也用不着，反而是父亲在大学读的知识帮他养活了六个孩子。这些话现在已经无人再跟孩子说了，但是不论社会如何演变，基本的道理不会变。父母不要留钱财给孩子，留给他正直的人品、谦虚的态度和服务他人的心胸就够了。

Part 3

亲师的
沟通与合作

沟通是办好教育的必要条件，亲师就像车子的
两轮，若是各走各的方向，就无法前进。

在讨论孩子的问题时，亲师双方互换希望来了
解对方的立场，不要为了维护处境而辩论，一
定要以最多数孩子的利益来探求共识。

当亲师开启坦诚、积极的合作，家长大可信任
自己的孩子会在老师适当的指导下好好学习，
而教师当然也要以真诚的言行，赢得家长的仰
赖与敬重。

期待一样深，教法应不同

男孩女孩的差异化教养，如何有效实践？

Bubu老师

- 男孩女孩天性不同，所以如果我们希望结果一样好，教养他们的方式就一定要不同。
- 降低期待会使孩子受到纵容，不利于培养他们的能力和目标感。
- 父母要从观念上来调整教育的方法，而不是调低对男孩的期望。

洪兰老师

- 父母同女生讲话可以面对面，而男生的话，通常会是一起面向外面。
- 男生女生回答问题的方式和反应速度也不一样，父母师长要保持耐心和引导。
- 老师在设计课业的时候，也要懂得男生女生各自的学习优势。

请问洪兰老师

调整男孩女孩的教育方法，但绝不调低对某一方的期待

大家经常都会问，教育男孩女孩的方式是不是应该一样？

对这个问题，我的体会不多。因为原生家庭一半男生一半女生，而父母教育我们的方法大致是一样的。等我自己当了母亲，我只生了女儿，不用思考男孩、女孩教育该不该一样的问题。老师生在女儿家，又单养男孩，对这个问题会有什么样的想法呢？我记得很多年前，老师跟曾志朗教授同台的一场演讲，就是从先天的荷尔蒙到后天的社会化来分析男生女生的大不同。

如果从一个家庭的教育方针来看，老师会给大家什么样的建议？当然，我的意思是说，父母亲绝对不会希望男孩或女孩的教育结果有落差。是不是因为先天有些不一样，所以如果我们希望结果一样好，方式就一定要不同？

我自己遇到的情况是，父母并不是从观念上去改变教育的方法，而是改变对男生的要求。我觉得他们对男孩的期待显然不一样，通常也比较宽容。所以男孩因为比较受宠，因而受纵容。

我现在还看到一种在加强男女生不同反应的力量。因为社会氛围与机会不同，女生变得格外能干了，她们跟男生在一起的时候，常常看不顺眼男生的反应或失误，只要男同学事情做不好，也许

不是老师不给男生时间去做，而是同学们马上会抢过来做。

其实男生不是听不懂，或者故意不反应。因为我碰到的小朋友几乎都是这样，所以我就做个实验。我发现如果不给男生这么宽容的机会，他们还是可以反应得很好、很迅速。所以除非确认孩子很有目标感、够积极，否则我不会想让男孩和女孩配在同一组上合作。因为同组的女孩为求达到目标，会像妈妈一样一手包办所有的工作。

依这样看，男女天性不同，但期待男孩的标准也不往下调，希望结果一样好，父母师长该怎么做才是对的呢？

我认为，对于家长来讲，这个问题的建议是：从男女的不同来调整教育的方法，但绝不是调低对男生的期望。

Answer
给Bubu的回应

男孩女孩天性不同，父母要懂方法、勿纵容

对！教育男孩女孩的方式要不一样，一定要不一样。其中的原因是，男生不太喜欢说话，比方说，男生如果来找你，说："妈妈，我今天发生了一件事。"我们大人再忙也得马上把火关掉，蹲下来，叫他讲给你听。如果你说我现在在忙，你等一下再讲，等你忙完了以后问他刚刚要说的是什么事，他会告诉你说"忘

记了！"或"已经解决了"；他就不告诉你了。男生愿意跟妈妈讲话的时间是很短的，所以趁他鼓起勇气跟你讲的时候，父母得马上去处理他的问题。

女生就不一样，我觉得女生回家会跟在大人身后，告诉你今天发生了什么，如果你说现在还在忙，没时间听，她还是会跟着你一直讲一直讲。这是我们在大脑研究中看到的：胚胎六个礼拜的时候，如果是XY基因，男性荷尔蒙出来，就把颞叶，也就是我们所说的语言区的地方神经细胞变少了，然后增加生殖的（sexual）和攻击性的（aggressive）细胞，在攻击性的地方会变多。

所以女生跟男生在语言上的确是女生早熟，而且词汇比较多。一般来讲，女生讲话可以面对面，四目相对。而男生的话，通常会是一起面向外面。

所以我们发现，家长跟儿子讲话，最好的时候是开车的时候。你眼睛看前面，即使他要跟你讲话，因为你要看路，所以不能去看他，这样就不会有那种眼睛盯着他，他就讲不出话来的状况。这是沟通方式上的不同。其次，我们发现教男生、教女生，其实在作业的设计上，也应该有所不同。

对男生、女生应该有一样的期待，孩子才会成才。男生受纵容，应该是家长重男轻女的缘故。我知道很多男生都不要洗碗、不要做家务，可是所有的女生都被期待要做家务。我们家六个女生，没有男生。我父母期待我们要会念书，也同时要每个人都学会家务。可是我知道像我先生家里，男生都是不用做任何事的。

保持耐心和引导，根据男孩女孩各自优势设计学习方案

以现在学校来讲，一位老师的班上同时有男生、女生，他们的表现还是很不相同的。你叫男生起来回答问题，要有耐心，你要问三次，他才要讲话。你一开始叫他，他只是站在那边，像木头一样。可是女生叫起来，马上就回答了，男生、女生回答的方式好像天生就不太一样，我不晓得，至少我碰到是这样子。

现在女生真的很能干。男生要讲三遍才听得懂。我一般叫学生做事，也只叫女生做，我不叫男生做，因为我的耐性不好，会生气。

但他们应该不是故意不反应，男生听到同样的一句话，好像理解的时间总是慢一点儿。我跟我先生讲话是最有这种感觉的。我讲三次，他的思绪都还在第一句话上面，我不晓得为什么。

我想起今年我教的班上是男生多女生少，但如果要问问题，我还是会叫女生，因为如果点男生，名字叫三次他才站起来，不知道他们在睡觉还是在做其他事。站起来以后，他们会要你再讲一遍，然后那一遍他好像也还没有听懂，但我就已经不耐烦了。我不讲了，我说，叫你旁边人讲给你听，你刚才在干什么？

很难下定论，不晓得是我碰到学生比较笨吗？其实我觉得应该不是比较笨。因为在家里大人对男生比较纵容。男生如果比较慢或发生什么状况，姊姊妹妹就抢着去做了，所以他们没有一定要反应的压力。在学校的情况也是没有压力。所以，下学期我要改变一下方式，对男生、女生采用不同的方法。

我讲的"方法不同"就是说：比如老师在设计课业的时候，要

了解女生是比较能够把一本书看完就写出读书报告的，可是，男生把书看完，其实没有形成什么概念，写不出来。如果叫他动手去做，那他就会有概念了。在大脑里面，我们是有看到，从视觉皮质上来，到颞叶这条叫作"内容通路"（What Passway）。那再往前，上头去顶叶的叫作"空间通路"（Where Passway）。男生这条路大，女生那条路大，他们在回路上有不同，因为回路上的不同，我们看到女生对于名词的应用比较快，男生的话，对距离、对于方位比较敏感。我知道有老师在设计作业的时候，男女生派不一样的功课，比方说，这本书看完了以后，女生就写读书报告了，男生要想办法把这本书表演出来。我的儿子高中学习莎士比亚的《罗密欧与朱丽叶》时，女生就是被要求看书、写报告，而男生被要求把罗密欧与朱丽叶表演出来。因为要表演，他就真得读进去。然后我看到他演罗密欧，在楼下对阳台的朱丽叶叫："朱丽叶！把你爸爸的奔驰（Benz）钥匙丢下来！"他们看了书改成这样子。

男生就会喜欢这样，他们会因为这样而把它记得很熟。如果不是这种要求，那些对白看一看就不记得了。所以在教学上要利用男生对于动手做、对于方位、对于距离比较敏感的优势，让他们把作业转换成他们喜欢的方式去做，这样学得进去，而女生真的比较不一样。

所以，对待男生，不是减少期望，而是利用他所喜欢的，和他的优势。用他的优势去设计作业，帮助他把书读进去。如果只是为公平起见，大家都做一样的功课，你就会看到学校里真的女生功课比较好，因为她们读得进去，男生就是读不进去。

爱与照顾，
是幼儿园最该提供的教育质量

如何为孩子选择适合的幼儿园？

Bubu老师

◆ 为孩子选择幼儿园时，夫妻一定要先以家庭条件为基础，好好聆听彼此的考虑、对教育的期待，再商量出最好的结果。

◆ 我不会靠打听他人的意见来寻找孩子的去处，而是会走到自己想去的几个园所，默默观察几件事。

◆ 日复一日的细微照顾，最能显现园方教育的是口号还是实践。

洪兰老师

◆ 幼儿园是孩子第一个正式的小社会，来自不同背景的孩子聚在一起，在老师的教导下学会基本的社会规矩。

◆ 幼儿园也是启蒙教育，不要让孩子还没开始上学就恐惧学校，孩子的天职是游戏，他们可以通过团体游戏学习规矩，游戏也是促进大脑发育最好的方法。

请问洪兰老师

生活必须与教育一致，否则起不了教育作用

有一位朋友为了孩子选幼儿园的事跟先生吵架了，她跑来问我会怎么帮孩子选择幼儿园，又说自己的梦想就是要让孩子上"蒙台梭利"的幼儿园。我问她：为什么非得是"蒙台梭利"不可？又问她：如何证明一个幼儿园的确实践了"蒙台梭利"的教育？就在问答之间，这位妈妈发现了自己的模糊与迷思。

我跟她说，人类出于天性就懂得抚养后代，社会更进步之后才开始教育后代，这历史已经很久了。近代热爱孩子的教育家，如卢梭、裴斯泰洛奇、福禄贝尔、蒙台梭利的观念被引介到台湾，我们认识这些教育家的意义应该是：了解他们的观念要如何实践于生活中，而不是成为教育广告词。这些不同国家的教育家所共同的主张是"生活即教育"，也就是过什么样的生活，就受什么样的教育，所过的生活和生活的条件就是教育的内容。生活必须与教育一致，否则起不了教育作用，在此概念下，不同的教育家提供了不同的方法，如果幼儿园打着某个观念的名号，买了一些教具，却不能在现有条件中实践"生活即教育"的理想，那当然绝不是好学校。

"为谁服务"的方向，决定了幼儿教育的命运和价值

三年前我曾受邀在台北、台中、台南为幼儿园的业主演讲，第一场是台中。听众在进场前谈的都是少子化之后的招生不易，大家热衷于讨论场地设备与教材上的投资，演讲时，我则说出自己对于幼儿园教育的一些想法。

我告诉这些经营者，如果他们把幼儿园当成一个商品来看待，这个商品的本质就是"爱与照顾"，而不是场地与教材。当然，有安全的场地与适合的教材会有帮助，但更重要、更好的口碑，绝对会来自"爱与照顾"的落实，这样的幼儿园也是家长苦心寻觅的教育场所。当时，有一两个业主连听都还没听完我的话就起身走了，他们用普通话说："这与我不合！"

中国幼儿教育家张宗麟曾提出，幼儿教育为谁服务的方向非常重要，这决定了幼儿教育的命运和价值。当时他就提出，有太多幼儿园是为比较富裕的人家服务，成为富贵孩子的乐园。我认为场地与教材是用钱可以解决的问题，但爱与照顾却必须通过有理念的施教者与照顾者才能实践，虽然这是一条起步困难的路，却是同时对孩子、家长、社会与幼儿园经营者有益的路。

以观察代替打听，确认环境中的安定氛围

我跟这位妈妈说，首先是夫妻之间不要为了这样的事而吵架，一定要先以家庭条件为基础，好好聆听彼此的考虑、对教育的期待，

再商量出最好的结果。生活中有太多事很难面面兼顾，我建议他们用富兰克林的思考法则，把考虑名单中所知的优缺点都列出后，再相减找出哪一所学校是最接近心中理想的去处。我也提供自己解决问题的想法——我不会靠打听他人的意见来寻找孩子的去处，而是会走到自己想去的几个园所，默默观察几件事：

○下课后孩子的模样。经过一天，孩子是否得到够好的照顾，从外表一定可以见到某种端倪。

○老师们跟孩子讲话的方式是否用词良好、气氛稳定。身为家长，我不会想要孩子身处于用词与情绪过度夸张的环境中，从老师送孩子时的谈话方式，不难推想一个幼儿园的质量。

有些幼儿园的小朋友好可爱，他们在群体外出时看到人会主动问候、走路会排队，这就反映出幼儿园平日的教育根基。有一次我与八十几岁的父亲在高雄爱河边散步，经过一个天主教的幼儿园，那些小朋友看到我父亲竟然能朗声问候："爷爷好!"让人会心一笑! 我并没有听到任何老师提醒孩子，所以能确定学校把孩子教得很好。

○幼儿园本身的环境是否整齐清洁。幼儿园是儿童生活美学的教育基础地，孩子无须在这个阶段被灌输太多专业知识，但环境却能深远地影响美感。毕加索说，孩子是天生的艺术家，但长大却未必。幼儿的身体很小，情绪与感受都有极限，需要被了解，幼儿园不一定要刻意布置得花哨或色彩鲜艳，但需要有一种自然与安定的氛围。

我曾看过一个幼儿园连午睡都开着好亮的灯，我问老师为什么不熄灯让孩子们好好休息，老师说这样会睡得太熟，不好叫醒。如果我是家长，我不会同意这种只为管理方便而实行的做法，这显示园方照顾的方法与能力都不足。

○我也会观察孩子之间讲话的声音语调、彼此的相处是否友善。这能反映出一个幼儿园孩子的家庭背景是否单纯、家长对于纪律的观念是否正确。

○当然，如果能看到孩子用餐与吃点心的状况，那是最好不过的。这种日复一日的细微照顾，最能显现园方的教育是口号还是实践。

洪兰老师，如果是您呢，您会以什么条件作为帮孩子选择幼儿园的考虑？

Answer
给Bubu的回应

在幼儿园这个小社会，孩子开始学习基本规矩

幼儿园是孩子第一个正式的小社会，来自不同背景的孩子聚在一起，在老师的教导下学会基本的社会规矩。因此，幼儿园最重要的不是硬件，不是有多少新玩具，有什么样的地板、窗帘（有幼儿园标榜"城堡式"的教学环境，你的孩子来上学就是城堡里的公主、王子），而是老师的教学理念，也就是Bubu老师说的"爱

与照顾"。

幼儿园叫什么名字、师承什么传统，倒不是那么重要，实质才是关键。所以，家长在孩子上幼儿园前，应该先去参观几家，比较一下教学内容，也跟园长和老师谈谈。Bubu老师说的看孩子相处是否友善、听他们讲话的声调是一个非常重要的决定因素。如果小朋友玩得很愉快，没有大哭大叫，你一般可以确定这里的老师懂得带孩子。老师保持冷静，说话轻声细语，孩子自然不会大声嚷嚷。

老师对孩子讲话的态度，是重要的观察指标

我儿子小时候怕羞，黏我黏得很紧，所以我是带他一起去找幼儿园的。我们先停好车，在附近走一下，看看学校环境是否幽静，会不会车水马龙（市中心的幼儿园有几点不好，一是嘈杂，在噪音环境中长大的孩子容易心浮气躁，大人会因血压升高而脾气暴躁；第二是接送时易发生危险，君子坐不垂堂，不要给自己找麻烦），然后进去观摩教学一番，主要是看老师跟孩子讲话的态度。

有些人喜欢选年轻的老师，认为年轻才有活力，其实不见得，年纪大的老师有经验，对害羞的孩子可能更合适。最主要是看老师脸上有无笑容，如果是一副不耐烦的样子，那么其他条件再好，都不该送孩子去。

我儿子幼儿园的老师五十岁，过了三十年他还记得她。这位老师从来不大声吼孩子，只是静静地站在那里微笑，学生就

自动安静下来了。她告诉我，你只要抓住两个孩子的注意力，使他们不说话，一会儿全班就会安静下来，大家想知道老师要说些什么，老师声音越小，孩子越会注意听。这其实蛮有道理，老师既然吼不过全班二十个小朋友，又何必拿自己的短处去跟他们的长处争呢？

让孩子先喜欢上学，在游戏中帮助大脑发展

幼儿园是启蒙教育，不要让孩子还没有开始上学就恐惧学校，孩子的天职是游戏，幼儿园是学玩团体游戏的地方，孩子可以通过游戏学习规矩。游戏是想象力的发挥，想象力是创造力的根本，游戏时，大脑会分泌很多不同的神经传导物质，它们就像神经的营养素——脑源性神经营养因子（BDNF, Brain Derived Neurotrophic Factor），有助于孩子大脑的发育，也会促进神经的连接。在神经学上，智慧的定义一是取决于神经连接的方式，这是基因决定的，另一是神经连接的密度，这是后天经验决定的；父母无法控制基因，但后天的部分却可以着力，而游戏就是促进孩子大脑发育最好的方法。

在幼儿园中不必教写字，这时孩子手臂的小肌肉尚未发育完全，所以先不用着急，他以后写字的时间长着呢，让孩子好好享受他的童年吧。选个好的幼儿园，让孩子喜欢上学，从一开始就做对，好的开始真的是成功的一半。

一定要超前或慢学的极端主张，都不够自然

如何正确理解孩子所需的功课量和文字程度？

Bubu老师

- 孩子比大人更在意别人都会，自己却不能做到的差异。
- "有学习欲望却不准"与"还没有能力就硬逼"，这两个极端对学习来说都不够"自然"，已形成教育上的一种功利作为。
- 家长应该对孩子的学习抱持着"为所必为"的态度，但其中的"必为"是靠着细心观察与不断尝试所产生的方法。

洪兰老师

- 每个孩子开窍的早晚不同，喜欢的东西也不同，聪明的父母会把握孩子想学的时机，他想学什么就赶快教，因为动机是学习最大的推手。
- 如果孩子还没准备好就硬逼他学，这种学习就完全没有效果，孩子只是想应付了事，既浪费了时间，更破坏了学习的胃口。

请问洪兰老师

刻意不让孩子早拿笔，可能影响书写的信心

文字很重要，但在启蒙孩子学习文字时，却没有人强调它最原始的方便性，这几年来在教育上一提到写字，谈的就是会不会扼杀孩子的学习兴趣。在我教过一年级的小朋友之后，第二次上课时特别请家长把孩子的学校作业本带来让我参考，因为我很想知道孩子们目前在学校的功课量与文字程度。

二年级是文字能力差别很大的一个阶段，但这并不是孩子的聪明才智有别，而是家长与学校的主张所造成的不同。有些家长依据国外的经验，刻意让孩子不要早认字、早拿笔；有些家长却意识到全国多数的孩子都已经偷偷启程，自己的孩子也不能不迎头赶上。有些学校不只功课很多，连生字出自课本中的哪一页都要一一注明；有些孩子则是一提起写字就要一次又一次向人说明："我们是体制外教育的某某系统，学校的主张是如何如何，所以现在还不写字。"

我认为问题就在于，主张提前或刻意延后的两个极端，都不够"自然"。"有学习欲望却不准"与"还没有能力就硬逼"，是不是都是一种教育上的功利作为，洪兰老师能为此解说，好让家长宽心吗？

常有家长会把您在演讲中提醒的"不要急、不要逼"断章取义为"不可以"，把它解读为有一种"时间点"对学习是最好的。如果时间点是一种标准，孩子的个别性不就又被忽略了，非等到那个时间不让孩子动笔或阅读，是正确的主张吗？

　　我之所以担心这种状况，是从孩子身上看到一些不自在的现象。因为书写是一种记录工具，无论以任何符号记录，能书写的孩子总是显得更自在一些。一起工作学习时，同一个年龄的小朋友会因为自己不能书写而显得慌张，他们遮遮掩掩的样子看起来很可怜。即使说不写没有关系，或鼓励他们画图也很好，只要记得就好，但孩子看到别人都能写，有些就会显现受挫的模样。或许，孩子比大人更在意别人都会，而自己却不能做到的差异。

　　洪兰老师觉得孩子有这种反应是很正常的吧！大人发现他们畏怯时，应该靠安慰、鼓励，或是慢慢带领来补足吗？父母了解这种状况后，是应该简单地采取"没有关系，长大一点儿自然就会"的宽心，还是有其他的建议可参考？

　　家长是否该对孩子的学习抱持着"为所必为"的态度，但其中的"必为"是靠着细心观察与不断尝试所产生的方法，洪兰老师觉得这样可以减少父母的忧虑吗？因为我看过父母亲为此而争吵的例子，妈妈虽然想教，但爸爸觉得不要勉强。

负荷过度的大量操练，也同样无法把字写好

　　虽然一、二年级还不动笔是一个类型，但另有一个问题是，

小学一年级就已大量在操练写字。在我看过一年级孩子的作业之后，有个妈妈问我她孩子写的字算不算很丑，我说不会！以她还是一年级的状况，能写这样真不错，但我说，看得出这些字写得很急。

妈妈告诉我，孩子的确得很赶才能把作业写完，有时候光是普通话，老师一天就会派下十页功课。我听了惨叫一声说："不可以的！太多了，你们希望她写这么多吗？"妈妈说："我们也不希望，可是老师却说，多数的家长都希望老师用这样的方法来带他们的孩子。"我听完之后，建议那位妈妈说："去跟老师反映，在这种量的挤压之下反而没有办法把字写好。我看过小朋友用'生产线'的方式写功课，如果是这样写，他也记不住笔顺。"

所以，我想请问洪兰老师两个问题：

一直以来我们都很喜欢派大量的功课给孩子，这其中有没有一种想要把孩子的时间全部占满的意图，好让老师在教学上、家长在管理上都比较方便？但若从大脑处理数据的运作来看，不同年龄应该会有不同的负担能力，父母与老师要如何区别"必要的练习"与"过度的操练"？

如果一个班级的家长对功课量有歧见，任课老师应如何处理？家长是否也可以如我所说勇敢地反映？像这样无关纪律或团队精神的问题，如果家长请老师依照孩子个别的情况来斟酌功课的派发分量，维持在必要的练习就好，这对教学会是一种不尊重或干扰吗？

Answer

给Bubu的回应

动机是学习最大的推手，聪明的父母会好好把握

一般来说，孩子想学而不准的情况比较少，通常是孩子不想学，父母却硬逼他学，前者会发生的原因主要是父母有错误的观念，以为太早学会损害孩子的发育。

揠苗助长当然是不好，但这里要先厘清是学什么东西：技术的？心智的？情绪的？体能的？有没有科学的证据？再上网去找数据，确认这是否会害到孩子。聪明的父母会把握孩子想学的时机，不管是什么，他想学就赶快教，因为动机是学习最大的推手。其实孩子做不来，他自己会放弃，我曾看到一个三岁孩子在下围棋，下得还不错（至少他打败了我），他母亲却不肯让他学，说是会伤害大脑（其实不会），把棋子藏了起来。结果他搬椅子爬上去，不小心摔下来，头上撞了个大包。

每个孩子开窍的早晚不同，喜欢的东西也不同，他能放弃其他孩子在玩的骑马打仗而坐下来下棋，表示他是真的有天赋、有兴趣。父母不必因为道听途说的不正确观念硬是不准他玩，弄得孩子天天哭哭啼啼，四邻鸡犬不宁（他是我的邻居）。

幼儿园的孩子可以教认字，但不要逼写字

学习应该是快乐的事，人是天生好奇、喜欢学新的东西的。我们看到孩子在没有考试压力时，会很乐于学习新知识，但考试的压力，尤其是少一分打一下的恐惧，会整个抹杀孩子学习的乐趣。人生是不断学习的历程，如果很早就失去学习的乐趣，对孩子是很大的损失，尤其现在已知焦虑和恐惧对健康有害。

我之所以主张幼儿园的孩子可以教认字，但不要逼写字，是因为孩子手臂的小肌肉还未发育完全，字常会写出格子，而台湾有非常多的"橡皮擦妈妈"不能忍受孩子不完美，就要把它擦掉叫孩子重写。因为孩子不是不用心写，而是力有未逮，所以再写还是会溢出格子，这时就造成孩子的挫折感，使他还未正式入学，就已经讨厌上学了。这种心态对他以后的学习很不利，我们常看到可以学的孩子对学习却意兴阑珊，提不起劲。不过，如果您的孩子早熟，笔已拿得稳了，他想要学写，当然可以教他写。有学习欲望时，一定要把握住这个机会赶快教他，但是"孩子还不会却硬逼他"就不必了。每天哭哭啼啼地写功课，对父母和孩子都是辛苦的事。

书写可以帮助记字、认字，同时还能静心

书写确实是如Bubu老师所说的，可以帮助记忆生字。写字除了帮助认字，还能静心。最近有一个实验，研究者把还不会读和

写的幼儿园孩子带到实验室，请前两组将英文字母依样画葫芦，写出或描红出来，第三组则是在键盘上找到这个字母把它打出来。学习完毕之后，请这三组孩子躺在核磁共振的仪器中，给他们看刚刚看过的字，结果写字组、描红组和打字组的大脑活化强度各有不同，写字组最强、打字组最弱。所以自己动手写字，要比描红和打字在大脑中留下的痕迹更深，对认字更有帮助。

另一个实验是追踪小学二年级的学生直到小学五年级，以观察写草书体（cursive）、印刷体（printing）和打字对学习的帮助，结果发现这三种方式动用到的大脑区域不同，草书体在工作记忆上的效果最好，对阅读和识字系统的激发最强。西雅图华盛顿大学的研究者甚至认为，写字可以训练孩子的自我控制，让孩子静下来。

从这一点来看，练字确实能静心。中国人一向认为练字是修身养性的好方法，写字虽然是动手，练的却是心，心不静，字就写不好。孩子练字，通过手的动作，既学会了这个字，也静下了他的心，一举两得。

用肯定、欣赏的眼光，耐心等待孩子的成熟

孩子还未准备好便叫他们写字，就会有Bubu老师说的那种遮遮掩掩、没有自信的样子，这时不能再逼他，要耐心等待他大脑和身体的成熟。千万不要在有意无意间让孩子觉得自己不如人家，这是中国孩子普遍没有自信心的最大原因。

每个孩子成熟的快慢不一样，父母可以安慰他：妈妈小时候也是写得比较慢，但我学会了以后，写得跟别人一样好。人生绝对没有输在起跑线上这回事，人生的决战在转折点，能否智慧地在每个人生的十字路口做出正确的选择，才是最重要的。

我常觉得穷人家的孩子比较快乐，因为父母忙于生计，不像中上阶层的父母有这么多时间来嫌孩子做得不好。人长大了就常忘记自己小时候是怎么回事，其实孩子身上是父母的基因，他开窍得晚，就要想想自己以前是否也比别人晚一些。他的基因一半来自你，所以你有一半的责任，这样一想就不会觉得孩子笨，困扰于别人会了为什么自己的孩子还不会。

父母的喜好常会不自觉地显露在脸上，而孩子都非常敏感，马上就知道：妈妈今天不高兴了，因为我考得不如隔壁的小莉；爸爸不带我出去，因为我功课不如隔壁的小强。我有一个同事，说他一直觉得自己比不上人家，直到他有一天拿了台湾"国科会"的杰出青年奖，才敢把头抬起来平视别人。有位妈妈说："我怎么样看，都看不见我儿子的长处。"其实天生我材必有用，你用欣赏的眼光去看，就一定看得到。

作业应以鼓励学习为宗旨，而不是让孩子恐惧学习

至于出很多家庭作业，我真的很反对，一天写十页绝对是太多，写生字固然有帮助，可以记住这个字，但是物极必反。我儿子小时候，一个错字罚写十遍，若有十个错字，就要写一百遍，他每

天一边写一边哭，一点儿学习的兴趣都没有。他常常祷告，希望地震、台风赶快来，就可以不必去上学，读书读到这种地步，对孩子来说真是太残忍了，也真的没有这个必要。

其实，中国字只要懂得构字规则以后，学习起来是很有趣的，我们的语文课应该是最不枯燥的课程。汉字的构字法可以做对联、猜谜语，例如："此木为柴山山出，因火成烟夕夕多"，此木就是"柴"，山山叠在一起就是"出"……学生马上懂得写这些字，我的生字就是这样慢慢学会的。

我小时候，台湾没冷气也没电视，吃过晚饭，大家便到院子里乘凉，大人拿着蒲扇，一边赶蚊子，一边教小孩。我外公就常用这种方式教我们认字，比如他说：苏东坡在门口迎接黄庭坚（他就顺便讲黄庭坚是何许人也），苏小妹在窗前捉虱子，看到了就说："长兄门外邀双月。"（双月是"朋"）苏东坡则回道："小妹窗前捉半风。"风的一半就是"虱"，于是我就不会写错"虱"了。

中国孩子都很聪明，上有政策下一定有对策，如果出很多家庭作业，他做不完明天又要挨打，一定会想办法交差。我儿子也用过Bubu老师说的生产线方式写作业要求的字数，这种学习完全是应付了事、毫无效果，既浪费了笔墨，也浪费了孩子的时间，更破坏了学习的胃口。所以，大量写生字真的不可取，从动机切入，效果会好很多。有句西谚说得好："用蜜糖捉到的苍蝇比较多。"（You catch more flies with honey.）请诱发出孩子的动机，使他喜欢学习，不要用作业让他终身恐惧学习。

亲师应良性沟通，为孩子分派适宜的家课

孔子说："学而不思则罔。"派了大量的功课，孩子写都写不完，哪有时间去思考？不思考，那些知识就不能内化成孩子的，所以分派大量功课是极为错误的方式。孩子的本职是游戏，想要用大量功课去占满孩子的时间是病态的想法，只有控制欲很强的人才会这样做，并不可取。

沟通是办好教育的一个必要条件。老师可以在一开学时，跟家长说明自己派功课的原则，并尽量用情理来说服父母：多不一定是好，适量才是好。老师是专业人员，应坚持自己的专业，不可退缩。父母也要知道，不应该干涉老师的教学，写功课是教学的一部分，主权在老师手上。而在沟通之余，老师也要有弹性，知道每个孩子都不一样，可因情况不同分派不同程度的作业（包括内容）。作业应以鼓励学习为宗旨，若是这孩子数学跟不上，请出简单一点儿的题目，给他机会慢慢跟上来，不要破坏他学习的兴趣，更不可嘲笑他、伤害他的自尊心。

以主动的身教与言教，
让孩子理解亲近的界限

如何掌握师生相处的分寸与距离？

Bubu老师

◆ 年幼的孩子很容易以身体或语言的亲近，来作为自己是否被喜欢的依据，但无论性别，师生之间都应该有非常适当的距离。

◆ 老师们应该以身教与言教或不伤孩子自尊心的方法，让孩子了解，在言谈或举止上，师生相处的限制有哪些，这些限制都是奠基于人际礼貌，自然地施行师生有敬的教育。

洪兰老师

◆ 老师一定要是学生尊敬的人，学生才会听话；老师的态度可以和蔼可亲，但师生之间一定要谨守行为的分寸。

◆ 父母、老师不要为了讨好孩子，故意跟他勾肩搭背假装亲热，只要愿意花时间聆听他说话，知道他心里在想什么，他一样会敬重你，有事会找你谈、请你帮忙。

请问洪兰老师

只有尊重，才能提供不疏远且不冒犯的安全感

虽然我们都同意家庭教育是个人教育的起点、影响最深，但因为社会形态迅速改变，很多父母忙于工作与其他事务而不能亲自承担教育子女的责任，所以孩子与老师接触的时间也越来越长，学校教育与家庭教育无论在时间或意义的交叠上，都比过去紧密。另一种情况是，父母由于语言或学识不足（新住民特别有此困难），爱孩子却不知道如何教，所以对学校更充满期待。如果学校的老师们基于对这种现实的了解，愿意把自己的心情提升到更接近父母的层面，这样每一份施教就不只增进孩子的幸福，同时也减少了父母的忧虑与痛苦。

我认为对孩子来说，父母与师长天生的不同在于"亲近程度"，这是再小的孩子也能敏锐感受到的差异，但在师生相处时，师长应该以行动来表明这个界限的意义。

有一次去演讲，提问时有位家长说："我的孩子在学校看到老师改作业，会体谅老师的辛苦而帮老师按摩肩膀，但她在家却对我天天切水果给她吃的心意无动于衷，连一声谢谢都没有，这让我很失望。另一件事是，我提醒她帮老师按摩是否会被同学批评为讨好老师，但孩子不同意我的看法，我要怎么说服她？"

我的回答是："我的忧虑跟您有所不同。我认为比'讨好老师'更值得重视的问题，是孩子的举止不对。无论性别，师生之间应该有非常适当的距离。您的女儿对老师所做的事是不对的，要尽快慎重地跟她讨论这个观念，这个距离正确了，讨好的问题也就解决了。要让孩子了解，在言谈或举止上，师生相处的限制有哪些，这些限制都奠基于人际礼貌。只有尊重，才能提供不疏远且不冒犯的安全感，老师能正确地表达慈爱与关心，学生对老师既敬爱又亲近。"

用自己的言行指出分寸的所在，是老师的责任

要孩子主动地思考这些距离是非常困难的，尤其是年幼的孩子很容易以身体或语言的亲近，来作为自己是否被喜欢的依据。所以，老师们应该以身教与言教或不伤孩子自尊心的方法，拒绝孩子过度的主动亲近，自然地施行师生有敬的教育。

比如说，我自己在教低年级孩子的时候，也遇过一定要紧紧黏着老师，甚至会主动爬上膝、背，要求抱或背的小朋友，这都是幼儿园的遗习，当时被视为撒娇或可爱的举止因为无限制地发展下去，长大后就产生了不良的影响。

亲师都不要怕看见问题，只要肯矫正就会改善。当我看到在工作中还要紧紧牵着老师的手的小朋友，我会提醒跟我一起教课的老师们，关心孩子的方法要正确，她们要学着更主动、委婉地拒绝这些举动。我自己的做法是，把孩子的手从我的手中拿开时，

不要让他误会为嫌弃，除了轻轻移开孩子紧黏的肢体之外，我还会把他们的注意力立刻转移到某一个具体的动作中，而不是拨或甩脱。我也会刻意再轻轻地摸摸他的头，叮咛他继续把工作好好做完。每次都如此明确，一两次之后，孩子就能了解。

那位家长的发问，使我想起学妹在高职教书时也曾跟我说，现在的男学生会一边跟她讲话一边拨她的头发。我当时就跟她说，绝不能允许学生这样，因为教导者的允许标示着言行举止的分寸，用自己的言行指出分寸的所在，是老师的责任。

师生距离的教导，应以礼貌而非防范为出发点

父母在家也应该配合学校的教育，以适当的言语跟孩子说明这些事情的重要，但必须以礼貌为出发点，而不是以防范老师可能会侵犯他们为教导。如果只以警觉为目的，会吓坏孩子，这对师生关系又是另一种负面的影响。

我看过有父母的确是这样教孩子的，他们在外绝不回答一般的问候，对外界有着很大的警觉性。草木皆兵的孩子也真可怜，我遇到过这种孩子，如果拿个东西不小心碰到他的手，他会像触电一样，大动作地把我的手拨开，然后充满怒气地再看一眼。这时，我要花时间的就是建立信任而不是教导距离了。所以，不要只给孩子一种极端的准则。

我在班上曾遇过一个妈妈，她要女儿每次下课后都来跟我鞠躬说谢谢。这在如今是少见的，可是每次当我们师生俩好好

站着，她先鞠躬对我致谢，我也欣慰地回礼时，我觉得有真情的礼貌是永远不会被时间淘汰的，这些礼仪也借着肢体的美表达了情感的美。

不知道洪兰老师是否觉得我这样的想法太敏感？至此，我想起"鸡腿事件"中老师曾告诉我，这件事有个被截去的前段，允许吃便当的老师在开课前曾说："今天这堂课由小妹我来为大家服务。"老师是否愿意谈谈这种谈话的不适切？

顺带也想请问老师，您是赞成学生直接叫老师的名字、以绰号相称，还是觉得应该规规矩矩地称呼"某某老师"？

Answer
给Bubu的回应

带孩子不是去讨好他们，而是要他们从心里服你

Bubu老师的方法是对的，老师应该以不伤孩子自尊心的方法，拒绝学生过度的主动亲近。尤其在初中和高中阶段，这个分寸一定要拿捏好，在校园中发生一些性骚扰和性侵害事件的原因，就是老师没有把握住这个分寸。在男校教书的女老师尤其不能穿太清凉的服装，穿露肚脐装的麻辣教师可能会讨学生喜欢，却失去了做老师的专业和本分，这种行为并不可取。

我们一再说，学生只会听他尊敬的人的话，老师一定要是学

生尊敬的人，就像父母也一定要使孩子尊敬他，孩子才会听话。我们常听到孩子顶嘴："你凭什么管我！"就是因为大人本身有不当行为被孩子看到，他觉得大人没有资格管他了。所以，带孩子不是去讨好他们，而是要他们从心里服你。这个"敬"字不只是维持父子、师生、从属之间的要素，更是维持夫妻感情必要的因素。一桩婚姻要维持下去，相敬如宾是必须的，如果没有敬，这份夫妻关系就变成了从属，就不对等了。

对老师不直呼其名，代表的是一份尊重与敬意

至于叫父母名字、老师名字，至少在我这一代是不能接受的。直呼其名是平辈的做法，不能对长辈如此，甚至对生疏的平辈也都要加上"先生""小姐"或职称，基本上，直呼其名是大不敬。我们以前的留学生到美国去，有很长一段时间无法像美国学生一样直呼老师的名字，会叫不出口，一直到自己出来就业，变成老师的同事后，才慢慢敢称呼他的名字，这也是出于尊敬的关系。我认为好的习俗要保留，不好的也不必因为外国船坚炮利，就觉得它比我们强，而要照单全收，毕竟东方和西方的哲学、文化背景都不相同。

同样地，做父母的也不要为了讨好孩子，故意跟他勾肩搭背假装亲热。父母是孩子的监护人，负责监督和保护他，只要我们花时间在孩子身上，聆听他说话，知道他心里在想什么，他一样会敬重你，有事会回家找你谈。我父亲曾说他最欣慰的一件事是，

我们这些拿了博士学位的孩子，遇到事会打电话回来请教他、听他的意见，表示我们书念得再多，爸爸还是最能指引的人。我父亲只有大学毕业，但在我们心目中，十个博士都比不上他，因为他以身作则的风范一直是我们的榜样。

先拿出做老师的样子，学生才会愿意向你学习

有一次，我听某大学的名教授说，他在第一堂课时一定拿出十八般武艺，让学生看到老师是个宝藏，每次来上课就能挖一点儿，"这次来挖别的宝"就是下一次回来上课的动机，旁边好几个资深教授听了都点头。二〇〇九年"鸡腿事件"有个被截去的前段经过，就是允许学生吃便当的那位年轻老师在上课之前曾说："今天这堂课由小妹我来为大家服务。"很可能是这个老师未拿出做老师的样子，学生就不听她的课了。平常我们对"敬"这个字没有过多着墨，但它确实是维持伦理的基本要素。

现在，台湾的大学教授要被学生评鉴，而且教学评鉴占晋升分数的百分之二十五以上（教学、服务和研究是晋升评鉴的三个项目，每所学校制定的比重各不相同，但至少也有四分之一），因此年轻老师不但不敢得罪学生，还要讨好学生。他们忘了一件事，学生只有尊敬你，才可能学习你，愿意听你上课。老师的态度可以和蔼可亲，但师生之间一定要保持礼貌，学生不能叫老师老王、老吴，当然老师也要谨守分寸，不能叫学生做研究以外的杂事，如代买早点（有个学生毕业后去替一位她心仪已久的教授做研究

助理,不到半年就辞职了,问她原因,她说老师每天都叫她上班"路过"某店时,帮他带烧饼、油条,她觉得不被尊重就不干了)。

说起来,有太多的事情不该发生。年轻人从以前的"只要我喜欢有什么不可以"到现在"只要纠集成众,有什么地方打不进去",学生的身份已变成护身符,事情做了之后可以不负责任,因为我是学生,而大人也纵容他们的不负责任。像这次的学运,他们随意剥夺别人的权利,造成社会价值观崩盘,经济衰退、人心惶惶,我们更担心的一点是下一代的人有样学样。现在已经有学生在网络上跟老师说:"如果你不答应我的要求,我要集众向你示威。"更有高中生抽烟不服管教要打老师,自称是"不服从的公民"。英文有句话很好:"Bad means can not be justified for good ends."(坏的手段不能为好的结果辩护。)一个不负责任的手段,不管所获得的结果有多正义,都不能免除因为手段不正常而造成伤害的责任。

善用教师的影响力，
引导父母一起成长

教师应该如何和家长沟通孩子的问题？

Bubu老师

◆ 教师在与家长谈论孩子的问题时，应主动想到家长的心情与由此可能产生的影响。如果教师能让家长了解，孩子那些令他们烦恼的事情只是一时的，的确加以改善，但不要过度关注，并且建议他们用什么方式改善，解释为什么不能用力过度，家长就不会空烦恼或不知所措了。

洪兰老师

◆ 大人对孩子的期待，会改变孩子对自己的期待，从而改变行为，粗浅地为孩子分类或贴标签，无疑是在伤害孩子的心灵。

◆ 孩子年纪小，对自己没有信心，也没有定见，所以父母不要任意贬低、批评孩子，老师也要时时检讨自己是否对学生一视同仁，不可有差别心。

请问洪兰老师

儿童经常从所受的对待与评价中，定下行为的意向

这几年，我经常听到家长为我介绍他们的孩子时，会特别加上标签，比如说，我的孩子是属于"慢热型"，是"观察型"的，我的孩子"很绌"，或是我的孩子虽然功课不大好，但是他很快乐、很善良，等等。听过几次之后，我对于如此一致的标签用语感到很好奇，所以问了几个家长，很想知道这些类型是由谁设定的。家长告诉我，是学校或安亲班老师对孩子进行观察后的归类。

对于这件事，我很不以为然，老师们这样分类孩子对家长是一种误导，家长因为信任教师的专业，如果以此放大作为检视孩子行为的标准，便会越看越同意，这等于自己领着孩子入座于这些标签中。一个经常被称为"慢热型"的孩子，本来只是不大懂得与人相处时应有的礼貌，一旦有过几次听妈妈在别人面前说他这种行为是"慢热"，果真就越来越不与人招呼，越不习惯有问有答，甚至开始躲躲藏藏，以实际行动来显现他的"人际慢热"。

我也看过另一个孩子，她的母亲总不让身边的人有机会跟她好好对话，只要有人跟孩子初见面，她一定会再三强调，她的孩子不会轻易开口，因为她是个"观察型"的孩子。所以，原本极为简单自然的应对，也只看到孩子眼睛骨碌骨碌地转，绝不回答

任何问话。我发现父母亲在几个类型中特别喜欢"观察型"这个标签，也许他们觉得这个类型有比较深刻细致的倾向，所以更小心翼翼地保护孩子固守在这个行为之中，而把所有应该给予的正常教导都视为勉强与伤害。

我反对这些标签的理由是，当孩子受到过度或不该有的关注时，往往以为这是博得关注最好的方法，因此会刻意强化表现。如果这些举止并不适当，家长与师长就应该在最自然的情况下协助他们修正行为。比如说，当一个孩子来上课时噙着眼泪，既不说要留下，也不说不想上课，我总希望父母能与我合作，和善地要求孩子自己做出选择，但选项只有两个——去或留。既是让他自主选择，当然就不能真主意假商量，无论去留都要乐意接受。但如果亲师不能合作，就得花上半个小时或一个小时的安抚、劝慰，到后来又变成谈判。结果是父母的问题没有得到解决，孩子也不懂得做决定的重要，这些不断重复的过程白白浪费掉许多的时间与精力。

我认为这就是儿童的"弱"，他们经常从自己所受的对待与评价中，定下行为的意向。一个孩子如果经常从哭当中得到拥抱与安慰，或是特别的待遇，眼泪就不会只是伤心时的表达，最后能收放自如地成为沟通的方法之一。成人若在乎孩子，就不该任凭这些行为顺势发展，一定要帮助他们以符合社会共处的方式适应环境。

教师拥有最优势的位置，能以言行同时施教于亲子

生活中有许多事可以简单清楚地为孩子讲解，而一个受到尊重的教师具有最优势的位置，能够以自己的言行同时施教于父母与孩子。

多数家长把孩子送到学校时，对教师都是尊敬与仰赖的，因此教师在与家长谈论孩子的问题时，应该主动想到家长的心情与由此可能产生的影响。当一位教师管不住在班级里调皮捣蛋的孩子，他可能有两种选择：一是与家长讨论纪律与常规的重要，然后各尽其力，共同协助孩子加强自己与环境兼容的能力；二是请父母带孩子去看医生、做检查。想想看这两种建议所引发的影响，前者是具体的改善行动，后者却把父母带进忧虑的深渊。

我遇到过两位年轻的妈妈，她们的孩子都在小学一年级时就被老师要求带去看医生，此后教养的路上便走得忧心忡忡，在体制内与体制外的学校来来去去，孩子也无法真正安定下来。另一位则在检查确定孩子并没有注意力缺失之后，医生却主动要帮家长开列"过动儿"的证明，因为医生说，这样老师就不会找孩子的麻烦了。

我所听闻的亲师问题比过去复杂很多，因此常想起韩愈《师说》中的一句话："师者，传道授业解惑也。"在今日家长已深入参与孩子受教育过程的时代，教师所面对的不单是学生各方面的进步，也应该慎重地把家长的成长纳入自己的工作思考中。一个老师只要够正直、言谈举止有分寸，对家长便可以起到一定的引导作用。教师

应该在适当的时刻提醒父母，教育是一个"求进步的过程"，而不是"优劣选拔的定夺"，亲师双方应该努力鼓舞学生可喜的倾向与能力，并控制不良的发展。如果教师能让家长了解，孩子那些令他们烦恼的事情只是一时的，的确该加以改善，但不要过度关注，并且建议他们用什么方式改善，解释为什么不能用力过度，家长就不会空烦恼或不知所措了。

不带偏见的具体沟通，将开启亲师的积极合作

我可以以自己跟家长的几次沟通为例，来证明教师是孩子成长的守护者，即使起初亲师的看法不一，但通过诚恳的沟通便会有答案。亲师之间千万不要为了维护自己的立场而辩论，一定要以孩子的利益来探求共识。有个五年级的小朋友上课时不听讲，把铅笔放在烛台上去烧，等妈妈来接他的时候，我告诉妈妈，她得协助孩子改变对"发现"的诠释，不要以为时时刻刻都能把自己任性的行动说成好奇。就以当天的教学来看，我不认为这是一种值得鼓励的好奇心，孩子当天的行为其实是调皮或背景知识不足，两样都不可取。

五年级学生应该有的常识是：铅笔的质材是木头，木头在火上会烧焦，这应该不需要再亲自做实验了。他如果故意调皮捣蛋，亟待改善的缺点是"没有目标感"，因为当时我正在解说十分钟后就要自己动手完成烤布丁的工法和工序。最后证明，如果该仔细聆听讲解时分心去烧铅笔，他们就不能成功做出正确的成品。孩子的专注力

是需要培养的，成熟的大人不可任由他们自编借口。

当教师与家长沟通孩子的问题时，绝不是要诋毁学生或指责家长的教育失败，所以双方不可带有任何偏见，只要针对问题，简单扼要地说明错误所在，并提出改善的具体方法，就会很愉快。但我认为，无论在时间的方便与传统的尊师观念上，这一类沟通由教师主导是更好的，以免使家长陷入不必要的顾虑与担忧。

例如，我曾好几次跟家长说，请他们送孩子来上课时，不要对孩子耳提面命："你要乖哦！""在……老师那里要守规矩哦！"因为孩子都知道，只有被认为是坏孩子的人，才需要一直被叮咛得守规矩，大人若不断引发孩子自我感觉不良，一定很难进行自重的教育。每当这样提醒家长，我看到好多父母都不好意思地点头，虽然这只是一段很短的沟通，但亲师之间已有积极合作的开始。家长大可信任自己的孩子会在老师适当的指导下好好学习；当然身为教师，也要以真诚的言行赢得家长的仰赖与敬重。

我相信一个获得家长信任的老师，对教育可能产生极大的影响力。

洪兰老师同意教师这样分类孩子吗？除了粗糙的分类之外，我也遇到不少纪律有问题的孩子，家长会在教师的建议下带孩子去看心理医生或做各种检查，从此他们的心情就很难回到原点。请问老师对这些现象有什么看法？

给Bubu的回应

孩子是从父母、老师和同学的眼睛来知道自己是谁

　　看到Bubu老师所提出的这些现象，令我非常感慨，将人分类是阶级斗争的做法，许多人在没有任何学理证据或专业能力的支持之下，替孩子贴上标签，什么"慢热型""观察型""右脑型""左脑型"，这弊多于利。因为心理学有个知名的现象叫作"自我实现"（self actualization），社会心理学家亚伯拉罕·马斯洛（Abraham Maslow）说："你想成为什么样的人，你就会是什么样的人。"（What a man can be, he must be.）这种自我实现的力量是潜意识的作用，冥冥之中将使这个人做出被标签的行为。

　　有个实验是给哈佛大学的亚裔女生做一份数学考卷，两周后，再请她们回到实验室来做同一份考卷，但这次在考前先请她们填一份关于生长背景和家族历史的问卷。结果，第二次的考试成绩就不及第一次。为什么会这样呢？因为填问卷时，她们的亚裔妇女意识被触动了。在亚洲，一般都是重男轻女，女生太强、成绩太好会嫁不出去，女生不能强出头……这些传统的旧观念一浮现，她们便不自觉地畏缩起来，对自己的能力抱持的信心下降，本来会做的题目便犹豫着不敢去试了。

另外一个实验，是随机把班上的学生分为两组，并告诉老师这一组是资优生，另一组是普通生，虽然一样上课、一样学习，期末考试时，资优组的表现优于普通组。但这是没有道理的，因为当时的分组其实是随机用抽签决定的，学生们并无智商上的差别。由此可知，原来老师对学生的期待会改变孩子对自己的期待，从而改变行为，所以Bubu老师说的那种粗浅分类，无疑是在伤害孩子的心灵。孩子年纪小，对自己没有信心，也没有定见，他是从父母的眼睛、老师的眼睛和同学的眼睛来知道自己是谁，所以父母不要在别人面前贬低自己的孩子，孩子并不知道你是在谦虚，他会以为原来我在妈妈心目中是这样子的，头就越垂越低，越没有自信了。

每一句负面的话，需要四句正向的话才能抵消影响

孩子其实非常在意父母对他的看法。美国的国家英雄、一九八四年奥运体操队金牌得主康纳（B. Conner）就说，他会走上体操这条路,是因为他父亲一句偶然的称赞。他小时候功课不好、个子矮小，得不到别人的关注，有一天他穷极无聊，在家中倒立用双手走路，因为背挺得很直，被他爸爸看到了，便随口称赞了一声。一个从来没有被爸爸夸奖过的孩子，高兴得不得了，从此开始练倒立，想得到父亲再次的肯定，最后成为美国拿到体操金牌的第一人。所以，要多鼓励、少责骂。每一句负面的话，需要四句正向的话才能抵消它的影响，父母不要当着孩子的面批评他，

更不可把他贬得一文不值，尤其在气头上讲的话更要小心，不可伤到孩子的心。

另外，老师也是人，也容易戴上有色眼镜来看孩子，我们要提醒老师，时时检讨自己有无逾越身为老师的"公平性"。美国曾经有个研究，想找出同一小区中白人孩子有"注意力缺失／过动症"（ADHD, Attention Deficit Hyperactivity Disorder）的比例大于黑人的原因。在控制了社会经济和教育程度（SES, Socio-economic Status）这个变项后，剩下来的变项就是基因，但是从来没有任何报告指出，黑人基因在智慧上跟白人有差别。追究起来，原来是老师不自觉的偏见所导致。当白人孩子功课不好时，老师会怀疑他是否大脑有病变，叫父母带去给医生看；但黑人孩子功课不好时，老师会认为黑人本来就是笨，不会做功课是应该的，这是他所预期的结果，所以就不会叫家长带去给医生看了。因此，老师对学生也要一视同仁，不可有差别心。

不要拿疾病当保护伞，延误了改变孩子行为的契机

"注意力缺失"是现在被贴标签贴得最厉害的疾病，目前的误诊率仅次于阿兹海默症，高达百分之二十五，也就是说，有四分之一被诊断为注意力缺失的孩子其实并没有注意力缺失，而是小时候没有养成习惯静坐下来看书。医生有时会应家长要求开具诊断证明，因为人们对病人的行为比较宽容，如果这孩子是注意力缺失，老师、同学就得接受他，父母也省去了天天去学校听训的

困扰,面子上比较过得去。所以,台湾有许多不听讲的孩子的父母,反而希望自己的孩子是注意力缺失,这样别人在怪孩子没有家教时,他可以两手一摊说:"没办法呀,这是病,奈何不得。"反而延误了可以改变孩子行为的契机。

初生的婴儿都非常可爱,他们天真无邪,是个天使,我们应该要好好想想:为什么生下来是天使,长大后却变成不听讲、不守规矩的恶魔?这是谁的责任?

我们大人有很多不合时宜的观念,像是要求孩子完美,动不动打骂孩子,对孩子偏心,喜欢功课好的孩子,功课不好就猪狗不如等。其实,来学校应该是学习,不是求完美,为何没有一百分就要打孩子?我们大人自己有每次都考一百分吗?我们怎么可以把自己也做不到的事情强压着孩子完成?我们经常假定孩子是坏的,先警告他不乖要打,为何他还没有做,就假设他一定会做?连法律在没有确切证据之前,也都要假设每个嫌犯是无辜的,我们怎么背道而驰了呢?这种被大人视为坏孩子的暗示,常使孩子最后真的变成坏孩子。

父母一定要用欣赏的眼光,去找出孩子的长处。放学回家时,请先给他一个笑脸,问他今天在学校过得怎么样,孩子只有在安全的情绪环境里,才会打开心扉,你才可能了解他、引导他、帮助他。

关于孩子的错与罚，
亲师应该好好商谈

如何应对孩子之间发生的霸凌与冲突？

Bubu老师

- 教育无非是在阻止或鼓励孩子去做一件事情时，能清楚地告知其中的理由，这些说明无法成为一种通则，而应该以发生的事件来详加讨论、彼此沟通。

- 如果只直接丢下一句经常听到的话"注意你的态度"，而跳过孩子犯错的过程，这对孩子非但没有矫正作用，甚至还错误地鼓励他们变成善于道歉的违纪者。

洪兰老师

- 大人经常忘记从孩子的角度来看事情，就径自做出判断，而且常用"我亲眼看到"来支持自己的判断，这样会把孩子教成争功诿过的人。
当我们不准孩子犯错时，孩

- 子一定会骗你，因为他是人，不可能不犯错；而他又不想挨打，所以只有用说谎来逃过板子。

请问洪兰老师

让孩子先知道错与罪的关系，才能讨论罚得公不公平

有位妈妈针对孩子在学校与同学发生肢体冲突的事件，这样问我："该如何向孩子说明他应遵守的纪律？"

我说："回到发生在他身上的事情，一层层跟他讨论。"

这个初一的男孩因为出拳打了同学，家长被叫到学校去；同一天，有另一位家长也因为孩子打人而被叫去了，没想到挨打的竟是同一个孩子。所以，学校把三方家长都找来，拿出条文宣读，跟家长和孩子们说："根据条文，这已经构成霸凌了。"然后，主任又跟挨打那方的家长说："你可以告他们哦！可以告哦！"

我听完这位妈妈对整件事情的描述，觉得十分不可思议。如今面对孩子们相处的种种问题，我们想的只是如何宣告责任的归属、权利的所在，而完全没有为"教育"孩子做应该做的事。

根据孩子的说法，他之所以打人是因为自己在操场跌了跤，很痛，当时误以为是同学故意用脚设陷阱绊他，一时冲动之下就出拳相向。我跟孩子的妈妈说，孩子发生这样的事，不应该只是很简单地以"在学校被说成霸凌者很丢脸"来训诫他以后不可如此，而是应该根据孩子自己的说法来检视他所犯的错误，不让事件只停留在"我又不是故意的"的自辩中。

为自己辩护是现在小朋友的长项，我想是因为孩子经常受到责备，再加上的确有不少冤枉的处罚，所以养成他们闻风就逃、为自己辩护的能力。我平日上课，只要说话的句子中有"谁"这个寻找事主的用语，常常连话都还没有说完，就听到一片"不是我、不是我"的撇清声。有一次我要找的是立功者，没想到却只有担心的准备透过者，所以预备的礼物就没人敢来领了。

孩子既然怕被错罚而急于脱罪，我想这就是一个好的机会，让他们先知道错与罪的关系，这样才能讨论处罚公不公平。

只怕有事而亲师彼此怪罪，将错失教育孩子的机会

学校与家庭应该积极地帮助孩子了解，人与人相处的世界经常有误会，因此，"我以为"的事都要经过求证，才能决定下一步的行动。这一次，孩子在没有任何求证下就出拳打人，这就是错的，而这个冲动的代价，就是他在全班面前被宣布为"霸凌者"。我们同时也要让他了解，在现实生活中，有很多成人犯错的理由跟他一样，像因为误会而杀害人的犯罪事例，但成人受的是社会法律的制裁，虽同样是未经证实就进行反击，却要付出更大的代价。所以，他应该从这件事情学到，以后与人相处或做事都不可以冲动，不能只用感觉草率判断就立刻采取行动。

接下来也该让孩子知道，如果当时他确定是有同学故意出脚相绊，而让他跌疼或受伤，那他该怎么做，并不是因此就可以出拳还击，再趁此机会更深入地说明暴力会引发的不良后果。

不知道洪兰老师听完这个发生在校园中的故事之后，同不同意亲师双方都应该多做一些事？如果我们抱定"现在的孩子很难教"的心态，只怕有事而彼此怪罪，那可以教的机会，或者非教不可的事，都可能因此而错失了。不过，孩子不教，最大的受害者，还是我们自己吧！

运用发生在孩子身边的冲突，以建立同理心的教育

这几年来，我看到家长教孩子的方式渐渐落入口号，感到非常担心，所以，我主张多让孩子运用发生在他们身边的冲突，来深入讨论纪律的问题。如果能多让他们提出自己对于过错与惩罚的想法，以公平的心态来建立生活的限制公约，除了让错误有所借镜之外，孩子们也可能会从不同的角度了解相处的困难。就如在这件冲突中，绊倒他人者与被绊倒而发怒者的心情是不一样的，围观者也各有角度，但他们在另一些相处中也会经历类似的角色，我们一直要教导的同理心，应该可以从此类的讨论中慢慢建立起来。

如果亲师跳过孩子犯错的过程，只是直接丢下一句经常听到的话"注意你的态度"，这对孩子非但没有矫正作用，甚至还错误地鼓励他们变成善于道歉的违纪者，胆子越练越稳，不怕故意犯错，只求态度够好就可以。

我就遇到过一个小朋友，她老是故意去弄坏别人苦心做好的东西、写得漂漂亮亮的笔记，或动手抢他人的材料。但她是

一个道歉高手，不只知道要向老师道歉，还一定会在老师面前向她所冒犯的小朋友道歉，表情之谦逊、语气之遗憾都超过我的想象。但是，我觉得这个阶段所看到的现象不能怪孩子，因为这是需要条件才能培养出来的熟练，家长与老师应该讨论出矫正态度的方法。

教育无非是在阻止或鼓励孩子去做一件事情时，能清楚地告知其中的理由——不这样做会有什么后果，不能让你这样做是什么原因，这些说明无法成为一种通则，而应该以发生的事件来详加讨论、彼此沟通，洪兰老师以为呢？如果在这些教导工作上细致一点儿，后续的问题会不会比较容易处理？

最近，我的课堂上有两位男孩在餐后打架，威力之猛，三个大人才能把他抓住，我在混乱中也挨了一拳。这一拳让我更了解了孩子们相处的问题，也更深思成人该如何尽教导之责，不要让孩子自己解决这些问题。

打人的孩子是因为自己上三年级却被说是上一年级而大怒，虽然情绪非常激烈，拳脚齐出，还扬言要把所有的人都杀掉，包括他自己，但我认为他其实只是从媒体学到了很多骇人的用语，行为并未完全失控。所以，我决定比他更为强势地要他选择离开课堂，或遵守我所提出的纪律，结果，他说要留下来，也好好地把课上完了。

当天，我觉得要处理的问题不只是打架的双方，同在一个课堂上所有孩子的心情也应该被了解，家长最好也能在老师的诚实告知、孩子不在场的情境下好好讨论这些状况。如果能不要只以打人或被打、对或错来看待这些问题，对孩子才会有真正的帮助，但我们往往没有足够的时间与机会来深入处理这些问题。洪兰老师对此能给大家一些建议吗？

Answer

给Bubu的回应

社会风气的败坏，也扭曲了教育心态

在Bubu老师举的例子里，学校的反应看了令人生气，这不是解决问题的方法，尤其不是教育学生的态度。但是我们也了解，现在社会风气败坏，双方家长都可以找到民意代表来撑腰（最没有民意代表撑腰的大概是校长和老师），所以学校两边都不敢得罪，只能拿出条文宣读一下，叫家长们自己去解决。

主任那句"可以告哦"更是令人难过。自从玻璃娃娃被同学背去上体育课，摔了一跤致死，家长告背他的同学，而被"恐龙法官"判定赔钱后，整个校园的风气就不一样了，大家都明哲保身，学生不敢帮助同学，老师也不敢多话，怕惹祸上身。因此校长和主任就依法行事，一切照规定来，多走一步都不敢，只肯说：你们自己去告，我已经告诉你，"根据条文，这已构成霸凌了"。这种教育心态怎么会不教出对社会冷漠、对朋友无情，一切只顾自己、自私自利的未来主人翁呢？我们要检讨，为什么过去善良而乐于助人的社会，会变成现在这个样子？有时候，不良判例所带来的后遗症，要远超过当时法官愚昧判决的影响。

教育是志业，学生的事都是老师应该关心的事

Bubu老师描述的情况，在现今的校园中一直在发生，因为社会情况不一样了，民风不像过去那么淳朴，知识普及后，老师不再受尊重。加上今日的媒体整天在寻找新闻，万一处理不当，老师、校长都会上报，有时还会吃上官司，所以学校都尽量保持中立。

这是很糟糕的现象，因为教育是志业，不是职业，凡是跟学生有关的事，都是老师应该关心的事。当孩子在学校与人发生冲突时，老师应该是第一个出来主持公道的人，毕竟老师是公正的第三者，是不偏不倚的仲裁人，而且因为学生都尊敬老师，老师说的话双方都会听。所以过去在学校，学生之间有了纠纷，都是老师先做仲裁，老师说完了，大家就不敢再怒目相视。但现在，家长动不动就来学校闹，要求连带赔偿，之前还有家长在报上登广告指控学校，使得人人怕事；学生若在校外受伤，学校会说不在校园内发生，所以不关学校的事。

有个学生跟我说，过去大家都反对教官进驻校园，要把教官赶出去，有一天，有不良少年在校门口堵他，他吓到了去找导师，导师说这件事发生在校门外，不关学校的事，最后反而是教官出面救了他。

事情会演变到今天这种局面有很多原因，最大的原因是老师

寒心，管教别人的孩子吃力不讨好，有苦劳而没有功劳。有老师说："现在的学生叫人怎么敢管？"以前孩子打架，家长会责备自己的小孩，现在则是立刻去找"有力人士"来呛声，看谁的背景硬；而校长为了连任或是怕在议会被修理，不敢捍卫老师的尊严，于是经常在民意代表施压下，逼着老师道歉。官员讨好民意代表是台湾的陋习，这使得很多老师不愿再承担"传道"的责任，曾有老师说："男生不打架，女生不怀孕，我就功德圆满了。"冰冻三尺非一日之寒，这种情况再不改善，最后的受害者真的会是我们自己。

不尊师重道的现实，让老师失去了奉献的热情

我曾就这件事跟几位初中校长谈过，他们说自己当年毕业或就职时，都发愿要做好老师、好校长，但现实环境却逼得他们只能自保。现在的学生会在老师上课时录音，用手机拍照，再加上还有那些唯恐天下不乱的媒体（有个校长说，他们推动阅读很有成效，有个记者就来采访，听完简报后，她开始访问学生，问到的每个人都说喜欢这个活动，她就一直问，终于找到一个学生说不喜欢，于是这段不喜欢的影片就在电视上一直播放，让校长非常沮丧），因此明哲保身成了在乱世中求生存之道。有些热情的年轻老师虽然想要为教育奉献，也因为看到有教育良心的前辈校长遭黑函扳倒、被迫提早退休而心生恐惧，不敢有所作为。

有句顺口溜说得好："官员怕议员，议员怕选民，选民怕官员。"顺我者昌、逆我者亡的民粹风气会造成寒蝉效应。一位校长就说：

"若是我家道殷实，不怕丢这饭碗，我就会出来讲真话；但是话说回来，家道殷实，不需要这份薪水，谁又会来做老师，为这五斗米折腰？"

我想起这学期开学时，我请大学部的学生写下人生的抱负和志愿，两百人之中竟然没有一个人愿意做老师，跟我们以前每个人都希望做老师是完全相反，令我非常惊讶。今天的社会弄到"师不聊生"，是谁的责任呢？有公然辱骂老师的现象，相信任何有血性的人都不能忍受这种侮辱；既然每个孩子都是宝，管了别人的小孩，自己落得饭碗不保，还要鞠躬道歉，谁会去做这吃力不讨好的事呢？社会不尊师重道已经很久了，今天看到的只是冰山一角。

我们今天大胆地说出这些真相来，是因为这种风气不改，台湾教育就没有希望了。坏人的猖狂是因为好人的沉默，为了下一代，我们不能再乡愿了，必须勇敢地站出来，改变这种颓废的社会风气。

教育孩子不是奴役孩子，一定要说明理由和准则

至于教育孩子，一定要让他知道为什么这个行为不能做，不可以为了偷懒、怕麻烦或没有时间，而直接命令他不能做。教育孩子不是奴役孩子，孩子若不知道不能做的理由，他会把它解释成："你在，我不做；你不在，我就做。"因为是你不让我做，你不在我当然可以做，这样就失去教育的目的了。

Bubu老师说得对，处罚孩子之前，要先让他理解自己做错了哪些事，然后才能讨论处罚得公不公平。我们大人经常忘记从孩

子的角度来看事情，就径自做出判断，而且常用"我亲眼看到"来支持自己的判断。其实在心理学上，我们已知"眼见不为真"，不然怎么会有"罗生门"这种三个人目睹谋杀案，三个人说的故事却都不一样的现象呢？大人在判孩子罪时，请一定蹲下来从他的角度看出去，不然经常会冤枉孩子，而造成Bubu老师说的，只要问话里有"谁"这个字，连听完整个句子都等不及，小朋友就忙着撇清"不是我，不是我"，生怕老师的板子已经到来。而Bubu老师的"谁"，找的其实是立功者而不是犯错者。

看到这一段，我其实很难过，我们台湾的教育都把孩子教成争功诿过的人了。其实犯错有什么关系，只要知错必改就好了，何必一定要打呢？圣人都是寡过，而不是无过（颜习斋说："恶人之心无过，常人之心知过，贤人之心改过，圣人之心寡过。"），只要不犯第二次错就好了，不是吗？孩子是从错误中学习的。

其实，只有不打孩子，他才会诚实地告诉你他这样做的真正原因，这个错误才改得过来。爱因斯坦说："一个没有犯过错的孩子，就从来没有尝试过新的东西。"（Anyone who has never made a mistake has never tried anything new.）当我们不准孩子犯错时，孩子一定会骗你，因为他是人，不可能不犯错；而他又不想挨打，无可奈何，他只有用说谎来逃过板子。仔细想起来，这是我们大人把孩子逼上说谎这条路的。

勿以善意之名，
教孩子学会取巧与功利

为了考试停摆生活、包装成绩，对孩子有何影响？

Bubu老师

- 在考试前停止一切活动，可能让孩子养成不管责任所在，任意要求他人支持配合的以自我为中心的心态，同时以为凡事都能用短跑冲刺来应付。
- 请人"包装"申请学校的送审数据，不只会造成误判，使孩子立于尴尬之地，也是一种以善意强迫孩子作伪的教育，有失成人的责任。

洪兰老师

- 父母要了解：让孩子学会纪律、懂得管理自己才是长久的，不要为了一时的考试而让生活例行事务停摆，那会得不偿失。
- 代办甄试文件这种不诚实的行径反而会害了孩子，他如果上了能力不足以适应的学校，学习起来会很痛苦，比甄试不上还更糟。

请问洪兰老师

考试也是生活的一环，不该被视为例外而停摆一切

我经常听到家长们为了孩子要月考而寸步不离地陪伴或监督，甚至全家总动员为孩子复习功课。孩子们平常活动太多，考试那一周的全面警备，更突显出前后生活的步调都脱离了应有的稳定。

家长为了孩子考试所做的生活调整，也许自己并未觉察到其中的不妥，如果小学就要为了月考停止所有的活动，初中、高中又该怎么办？也难怪我们身边有些孩子从医学院毕业后，为了考执照需要整整休息一年来准备，不但什么事都不能做，全家还要无微不至、从早餐到消夜，照顾着这些家中的宝贝，这是我们这一代未曾听闻的生活。

我自己在联考前一晚还是一样在饭后帮母亲洗碗，我的女儿也一样在各种考试前正常生活，但这并不代表我们没有尽全力准备测验。所以，我想起洪兰老师在《起居有时，养成正确的生活价值观》这篇文章中曾提到的一段：

在我考大学时，父亲告诉我："亲昵生狎侮。"（Familiarity breeds contempt.）大脑不喜欢一直读同样的东西，同样的事情经历久了会生厌也会疲劳，不是只有身体。他特别跟我母亲商量，凡

是要考联考的孩子，家事虽不能不做，但可以挑项目。所以他叫我挑扫院子、擦地板、擦榻榻米这种可以分段做的工作，没有联考压力的孩子则分配到洗碗、洗米这种有时间性的工作。

父亲这个建议真的很好，我语文读一读，站起来去扫院子，回去换历史读一读；觉得累了，又站起来擦地板，再换英文读一读。每换一门科目时，就用冷水洗一次脸，在没有提神剂的帮忙下，我果然考上了第一志愿。

我很想劝父母亲不要用功利的态度来面对考试，是因为看到了不好的结果。孩子不只因此以为考试前要停止一切，更以为凡事都能用短跑冲刺的方式来应对。请问洪兰老师，小学生如果在考前紧密复习，他所依赖的是否只是"强记"，这对学习来说是好的方法吗？

此外，孩子在学生阶段所面对的考试，成年后就转型成责任重大的工作或是特别困难的问题，在多数的情境中，我们都不能停止生活的其他事务只面对一种状况，所以，这种教育是否应从儿童时代就开始，以连接未来现实所需要的习惯？

我在老师的文字中，看到您的父母亲有两点很值得大家学习的观念，一是对于"不能"的坚持，二是对于"可以"的慈爱。父母因为要进行对孩子的"责任教育"，必须不短视近利，清楚地辨别哪些是"不能不做的事"；但父母也都疼爱孩子，对于身负压力的孩子，也要提供不影响责任而"可以"通融的选择，并为孩子说明其中的优点。

除了月考要全面戒备的家庭，我也遇到过段考就要请假复习的初中、高中生。考试的规模越大，请假时间就越长，以致后来会有要暂停一年考执照的医学生了。我觉得"全心全意"虽然是很好的心态，但这种状况指的是自己的专注度，而非不管责任所在，或任意要求他人支持配合的以自我为中心的心态，洪兰老师同意这个看法吗？

申请学校的准备，是孩子应该自我负责所完成的任务

关于考试的另一个问题，也想请洪兰老师说明您的意见。这几年台湾执行多元入学方案之后，有些家长开始请他们认为的专业人士帮忙孩子"包装"要送审的各项数据，这种观念正确吗？

因为我的两个孩子都是在新加坡美国学校就学时申请大学的，我对相关的程序与准备工作还算清楚。记得在十一年级时，辅导升学的老师会和家长见一次面，那次的见面中有一个档案是孩子截至谈话日为止已经累积的送审数据，例如：之前的成绩单、已经考过的必要测验（PSAT或SAT）、修了哪些普通课程和进阶课程，以及参与过哪些重要活动的记录；然后亲、师、生三方再针对接下来这一年还有哪些要准备的工作逐一讨论。

这场会面让我觉得很有意义的是，我很了解任务的执行者是孩子自己，老师负责这一年的备询指导，而家长是持续的关心者。在往后的一年里，孩子自己在课业与活动的正常进行中，同步准备申请大学所需的一切工作，承担双重的任务使她们在那段时间

迅速成长。她们的人生中第一次要同时周到地管理好多事，而这些事都关系着自己的未来。

申请学校要送交的散文，是慢慢从草稿一次次重写而成的。这份工作在孩子做功课的间歇中成为另一种转换的脑力激荡，有时候她们念一段给我听，问我一些想法，文章虽然谨慎地写了又写，但只给学校的老师看，并征询意见，绝不可能请专人来写。但如今我却在台湾看到，有些父母觉得送交大学的文章非常重要，如果孩子写不好，岂不误了人生大事，所以他们希望让专业公司来代劳。在我看来，这真是大错特错的一项决定。

我之所以非常反对这种做法的原因有二，不知是否有错，再请洪兰老师指正。

一是我觉得孩子应该去一个与他实力相当的学校，父母若请他人包装能力，反而会造成误判，使孩子立于尴尬之地。二是这样的代劳不只剥夺孩子为自己负责的权利，而且是一种以善意强迫孩子作伪的教育，有失成人的责任。

Answer

给Bubu的回应

考前开夜车，无法将短期的记忆变成固化的信息

考前开夜车的念书方法是"强记"，所谓现炒现卖，考完

就忘记，这不是好的学习方式。我们的记忆需要经过"固化"（consolidation），信息进来之后会先进行短期记忆处理，这时的记忆是很不稳定的，一定要等到信息从短期记忆转为长期记忆，那个信息才是你的。

很多人都有这种经验，在车祸发生前一刹那的记忆是空白的，警察来做笔录，都想不起最后是怎么撞上的。英国黛安娜王妃出车祸时，坐在前座的保镖并未死亡，醒来后却无法回忆出当时的情况；桃园县县长刘邦友命案中也有一个邓文昌议员脑部中弹却未死，他被救活后也讲不出命案是谁下的手。我们的记忆就好像手在石膏盆中压了一个印子，假如石膏还没有硬就把盆子拿起来摇动，手印子就不见了；但如果等石膏硬了，再怎么搬动，手印都还在。这个固化的历程是在睡眠时，尤其是做梦时进行的，所以临时抱佛脚的东西是存不久的。

该做的事就要去做，养成纪律远比考一百分重要

Bubu老师讲的"该做的事就要去做"，这是责任，也是纪律。曾有个大学三年级的学生休学在家准备公务员考试，他想的是考上公务员后就会奋发，就有工作了，那时有没有大学文凭已经不重要，既然有了工作，又何必浪费时间多读一年书呢？我对他的观念很是忧心，他读书的目的只是为了换一张可以就业的文凭，假如他认为有了工作便不需要读书，他以后也不会是个好的公务员，外面知识翻新得那么快，不自己读书进修，怎么跟得上时代？

很多孩子对自己的人生一直没什么概念，随波逐流，这个工作做做，不如意再换个工作做做，都是骑驴找马、走走瞧瞧。有句英文谚语说："Rolling stone gathers no moss."（滚石不生苔。）一直换工作累积不了经验，而且企业家不喜欢雇用没有定性、频换工作的职员，这会浪费他们的人事成本。这问题是出在孩子小时候书看得太少，不足以形成他的人生观。美国作家詹姆斯·米契纳（James Michener）说："孩子小时候所读的书，会内化成他的国家民族观念、对族群的认同、对人生的理想和对自己的抱负。"这是很正确的，天真柔软的心很容易受感动，并且因感动而内化成自己的价值观，所以小时候读的书很重要。

父母一定要了解，考试只是一时的，让孩子学会纪律、懂得管理自己才是永久的。父母不要为考试而让生活例行事务停摆，那会得不偿失，养成纪律所获得的代价，远大于暂时的考一百分。

请人代办文件非但不会加分，反而可能害了孩子

我个人非常反对家长出钱找补习班代办甄试的文件，包括自传、生涯规划、研究兴趣等，因为这等于是教孩子作假。我曾看过两份自传几乎一样，只有学生的名字和地址不同，最妙的是我请这个学生说明一下他为什么会对西洋剑感兴趣，他竟然答不出来，因为他连西洋剑是什么都不知道。原来补习班认为大家喜欢的运动都一样，没有区别，于是替他填了一个奥运项目，认为会使老师刮目相看，这果然有效，老师注意到了，但是也把学生给

刷下来了。

有经验的老师看到印得很漂亮的申请书，心中多半有些底，那些包装过头的数据不但不会加分，还会减分。例如有个学生附上小学一年级的奖状，照理说十多年前的纸张应该会发黄，但它却光亮如新。我问他小学校长叫什么名字，他答不出来，原来那张奖状是假的，是补习班自己做的，这种不诚实的行径反而会害了学生。而且，他如果真的甄试上了能力不足以适应的学校，学习起来会很痛苦，比甄试不上还更糟。因为他作假，老师看不起他，他也看不起自己。

补习班代办入学文件的歪风实不可长，不过只要审核老师用点儿心，应该不难抓出找人代办的文件，只要不录取这些学生，这个风气就会自然平息。当然，这也是因为台湾地区的大学没有好好把关，只要进得去，一定出得来，不像美国淘汰率很高，勉强蒙进去了也会读不完，所以现在的父母根本不担心孩子会读不来、被当（注：被刷掉）（我听说还有学校是只要去上课，就一定不会被当）。

我们也注意到，学生其实并不同意父母的做法，因为每次一问：这是你自己准备的吗？学生的头便低下来，表示他很内疚，所以父母真的不要帮倒忙。曾经有个风光进入名校就读的中国学生，一学期以后，偷偷休学回家去念小区大学，他的父母从此不出来应酬，连家族聚会也不参加，我们只是很庆幸这个孩子没有被父母逼成神经病。所以，父母不要为了自己的面子问题，害了孩子一生。

不需用却还用的浪费，
要有更妥善的分配

如何慎用教育资源，让更多孩子一起受到照顾？

Bubu老师

◆ 当我们都理解家庭形态产生
了变化，也承认教育没有独
善其身的可能，好好照顾每
一个孩子，就是共同的责任。

◆ 不要为自己的眼前利益而争
夺，比较有能力的家庭，把
可以不使用的资源让出来给
真正需要的孩子，教育的质
量就会一起提升，所有父母
才能安心快乐。

洪兰老师

◆ 资源的分配应该从有需求的
先照顾起，而不是为了公平
起见，每个人分一点儿。

◆ 公家资源非常有限，这时老
师的公平性就在于确保弱势
者也有办法受教育，文明社
会的指标，是要使所有人都
能站在相同的竞争点上，教
育是脱离贫穷唯一的途径，
老师要给孩子这个机会。

请问洪兰老师

父母想主动在家辅导孩子课业，却被老师拒于门外？

我在几年前认识一个小朋友，他今年上小学了，虽然很早就开始学习，但主要是以听故事朗读、父母亲带看绘本或对谈为主，学龄前并没有提前认字与书写。

上小学一年级之后，虽然学校是以注音开始教学，但多数的孩子早已熟练，这时小朋友的妈妈也开始紧张了，因为她发现孩子会躲避妈妈邀他一起练习拼音。有一天，这位妈妈打电话问我该怎么办，我建议她要跟级任老师谈一谈，但她却告诉我，开学第一场的亲师恳谈会中，老师就已经要求父母不要在家教孩子拼音，她现在不敢去说了。

老师提到，父母亲用的可能是旧方法，新的拼音法是一眼就能读出一个字的音，而不是"拼"出来的。其他科目也一样，老师希望家长尊重他的方法，父母也在家教会使孩子感到更错乱。

我很讶异，一直都以为学校的老师会希望父母多关怀孩子的课业，原来有些老师却希望父母不要插手，以免与学校采用的教法混淆。我问这位妈妈，亲师恳谈会那天有没有家长对这种说法觉得疑惑，她说没有。但如果我是家长，至少我想提问两点：

○如果用旧的方法教孩子，会产生学习上的哪些问题？

为尊重老师的考虑与了解新教法的优点，老师是否能为家长解说新的拼音法，以便孩子在家有疑问时，能以正确的方法回答，达到亲师合作的目标。

据我了解，孩子遇到问题时总是习惯询问身边的大人，对于这么基础的学习，父母不可能回答需要指导的孩子说："爸爸妈妈不能教你，我会教错，你等明天去学校问老师吧！"如果孩子真的从小听父母这样拒绝他们，可能也不容易尊重或信赖父母了。

这件事使我回想起二〇〇〇年带女儿回台湾上学的心情。这段拒绝夜辅的故事常常被单一解释为"孩子留在家中吃晚餐的坚持"，但其中我对于教育资源的考虑，却不曾被讨论。时间匆匆又过了十四年，当时的想法放在今天的环境中，似乎更值得一提，我很想跟洪兰老师讨论这个观念，并聆听您会如何给亲师双方建议。

教育不该只为少数家庭服务，更应为多数孩子的利益着想

由于社会环境的改变，双薪家庭的比例大增，许多孩子不得不去安亲班或留校自修。虽然我非常希望小朋友留在家中的时间多一点儿，但看到每个家庭有各自的负担与经济考虑之后，慢慢就更理解那些放弃自己理想生活、兼顾工作与家庭的母亲们心中的忧虑。大家都很辛苦，如果能彼此帮助，也许担子就不会越来越沉重。当我们都理解家庭形态产生了变化，也承认教育没有独善其身的可能，那么好好照顾每一个孩子，就是共同的责任。

一个孩子好不好必定会影响其他的孩子，所以，我们看到有

些父母不希望他的孩子跟另一些孩子做朋友，他们在怕什么？怕被带坏、怕不安全，但这些害怕都不是以逃避或隔绝能解决的，唯有一起照顾、教育他们，为他们谋求共同的好环境，才能使所有为人父母者免于恐惧。

我认为最好的方法是，不要为自己的眼前利益而争夺，甚至浪费教育资源，比较有能力的家庭，把可以不使用的资源让出来给真正需要的孩子。一旦教育不再为少数家庭服务，而能为更多数孩子的利益着想，我们的教育质量就一起提升了。对于如何好好分配教育资源，应该有更多的家长愿意深思并积极采取行动。

像是夜辅这样的活动，我认为学校不应该要求集体参加，对于不愿意加入的学生，更不应该谴责为没有"团队精神"。课后的辅导是多么珍贵的教育资源，如果亲师进行诚恳的讨论，把它留给需要的学生，那该有多好！

资源分配不当，对于学校中的弱势者会造成更大压力

单从夜辅来看，目前不同的家庭需要至少可分为以下几种：

1. 有时间又有能力可以辅导孩子功课的父母：这样的家庭应该鼓励他们课后把孩子带回家由家长辅导。

2. 没有时间但有能力的父母：由老师劝说他们尽可能抽空关心孩子的课业，并说明亲养善教可以增情启智。

3. 有时间却没有能力的父母：例如逐年增加的新移民母亲，让她们参与课后辅导的实际事务，借着照顾孩子提高自己的学习程

度，并能以学业为内容来关心孩子、解除忧虑（这是我与新移民母亲谈话时，对她们最感同情的部分）。

4. 没有时间又没有能力的父母：学校的资源应尽量留给这样的家庭，并且定期让父母了解孩子的状况，引发他们在有限的条件中也能关心尽力。

我认为，家庭环境较好的父母把辅导资源留给真正需要的孩子，绝对不是一种损失，反而将因此受惠。因为更多孩子受到好的照顾，教育环境就能变好，每一对父母才能真正安心快乐。

我把这两个问题联结起来，最终目的是要建议大家慎用教育资源。时间足够又想亲自辅导孩子的父母不能与学校老师合作，这是不是资源的浪费？而如果从小学一年级开始，父母就退出在家能进行的教学关怀，日后一遇到问题，难免会想到非专业指导不可，当然更要送孩子去补习班了。这样一来，孩子不只离家越来越早，为了学习而耗费的资源也越来越多，这是不是教育的退步？

请问洪兰老师是否觉得亲师之间应该以孩子的进步为题，定期聚会讨论实行的方法，善用现有的条件，并认真检讨实施过程中所发现的问题？

我记得美国就有一位老师，因为善用资源而把程度非常差的孩子带到让人惊喜的程度。这位老师强调亲、师、生是学习中契约的三方，大家都要各尽其责。无论体制内外，每个教育环境都各有强弱的族群，目前教育条件的差别深受亲师价值观念与家长经济地位的影响，如果资源分配不当，对学校中的弱势者就会造成更大的压力，破坏了教育应带给每一个人公平机会的愿景。

Answer

给 Bubu 的回应

资源的分配，应该从有需求的先照顾起

前阵子与严长寿总裁一起吃饭，他谈到台湾教育事务主管部门看见偏乡孩子的英文能力不足，于是拨了一笔款项，要聘请合格的老师来提升孩子的英文能力，而开了好几百个英文老师的缺。想不到城里有缺了之后，偏乡的老师都往城里跑，偏乡反而更受害了。所以，资源的分配应该从有需求的先照顾起，而不是为了公平起见，每个人分一点儿。天下事有很多看起来公平，其实却是非常不公平，我们不要表面的假公平，而是要实质对孩子有帮助的真公平，就如同 Bubu 老师所说的辅导资源分配一样。

公家资源非常有限，虽然很多政客说："穷不能穷教育，苦不能苦孩子。"但那完全是选举时骗选票的，选举一过就不认账了。这时老师的公平性就在于确保弱势者也有办法受教育，例如办理清寒奖学金，老师可以理直气壮地把公家资源拿来帮助穷孩子。一个文明社会的指标，是要使所有人都能站在相同的竞争点上，不因财富差异而有所不同，而教育是脱离贫穷唯一的途径，老师要给孩子这个机会。

只要教得会孩子，什么方法都是好方法

至于老师不让父母在家中教，觉得父母用的是旧方法，这一点我不太懂。邓小平不是说黑猫、白猫，会捉老鼠的就是好猫吗？只要教得会孩子，什么方法都是好方法。每个孩子不一样，适合甲的方法不一定适合乙，不然孔子为何要说"因材施教"呢？我唯一能想起来的理由是：曾经有人主张学生在学校学习，在家享受亲子相处的时光，如果父母在家也扮演老师的角色，孩子的身心整天不得放松，会觉得老师的阴影二十四小时跟随着他，所以不主张家长这样做。这当然是从孩子恐惧学习的观点出发，才会使用"老师的阴影"这种字眼。其实，学习哪有分教室内、教室外？就像知识哪有分课内和课外？孩子眼睛一张开，无时无刻不在学习，学校的教育叫作正规教育（formal education），它是有组织、有进度、制式化的教育，变通性较少；在家庭中，孩子学的是生活上的教育，是跟人相处的法则。它们都是教育，只是方式和内容不同。

父母究竟要不要扮演老师的角色，这是见仁见智的问题（其实父母还不是随时随地教孩子，不需要替自己找麻烦，把它分得如此清楚），只是父母在教孩子时，一定要有耐性，不要凶、不要骂、不要让孩子恐惧，产生在学校挨骂回到家还是挨骂的感觉。古人说"易子而教"是有道理的，因为很多时候教自己人常会态度更不好、更没有耐心，理由是自己人不必讲客套。但这个观点是错的，跟你最亲的是自己人，最不能得罪，因为每天要见面，生活在一起。这个错误观念使许多夫妻讲话很没有礼貌，也让孩子以为对自己人就可以没大没小，其实，任何关系只有"敬"才维持得下去。

不能因为大部分孩子已学过，就跳过注音符号的教学

本来注音符号是进小学才教，现在因为"偷跑"，在幼儿园就教了，让一些没有学过的孩子一开始就落后，以至于后面的课程跟不上，这是学校的不对，老师不能因为大部分的人已学过，就跳过注音符号或英文字母的教学。有这种心态的老师，我是严厉谴责的，因为一年级是打根基，其他学生即使已经会了，熟读精读也没有关系，根基只怕不稳，还没听过怕太稳的。

我很难过的是，在台湾，常常被牺牲的就是没有钱去上补习班的孩子。有老师告诉我，他在班上问过：是不是每个人都学会了注音符号／英文字母？学生自己不举手，他当然就认为都会了，所以跳过。其实，老师应该要知道，很多学生不敢在班上说话，尤其是一年级的孩子，老师要从家长联络簿或私下问孩子，才会真正了解。在班上叫学生当众回答，即使大一点儿的学生也还是不敢说，更不要说刚入学的一年级新生。

有的孩子不好意思承认自己还不会，对于还不会的学生，老师如果想赶进度（其实进度也是一个错误观念），不妨在课后稍微辅导一下这些孩子，不必强调别人会你还不会，这种做法会伤孩子的自尊心，只要告诉他们熟能生巧，多练习一下就"巧"了。学习需要时间，就像大脑的发育需要时间一样，教育是要有耐心的，多给孩子时间，让他从熟悉这些符号开始，最后变成精熟。

Part 4

释放学习的
真自由

在学习方法与价值观念也如潮流般迅速改变的今天，只有心情稳定的家长才能帮助孩子成就知识的内涵，领悟如何通过学习纪律丰富自己的快乐。

不要忙着为孩子找寻"轻松易就"的学习快捷方式，不要只忙着颠覆过去的经验。

先解开自己对"要求""模仿"与"因循"的迷思，了解这些过程中有益于学习的部分，只要不是被"无理要求""不了解的模仿"或"苟且的因循"所捆绑，孩子就不会成为呆板的学习者。

创意的背后，
更要有扎实的学习与练习

只要孩子跳脱规则、与众不同，就是有创意吗？

Bubu老师

- 很有创意的孩子似乎都有一种特质，他们视许多规范为自然，因为心中感到真自由，所以并不觉得学习的要求是难以忍受的捆绑，这些孩子往往能创造出让人惊喜的作品。

- 刻意求反、一定要颠覆标准的想法实际上却阻碍了学习，形成另一种刻板，影响个人观察与判断眼前事物的能力。

洪兰老师

- 反对别人的看法不是创意，提出更好的看法才是创意。

- 所有的大师都是先下苦功，一点一滴如学徒般开始学习、累积经验，再熟能生巧，从旧有作品之中变化出新的创作。

- 即使再好的点子，也是要做出来才算数，而执行的过程，没有纪律和毅力是不可能成功的。

请问洪兰老师

过度"以创意为名"，反而模糊了行事的标准

跟"兴趣"一样，"创意"在近十年深受家长的重视。洪兰老师在演讲中也经常提到创意的重要，所以，我想请您更仔细地就今日的教育现况，来讨论提倡"创意"在学程中所产生的影响。

我跟孩子一起工作虽然只有短短的六年，但经常从他们对指定工作的响应中，看到强调"创意"对新一代小朋友所产生的影响。每当我指定一份工作时，班上一定有几个孩子会问我："我可以不要……吗？"他们所谓的"可以不要如何"，就是不想按照指定的工法或遵循一样的形式。

有趣的是，有些孩子甚至连我"要"的是什么都还没听完，就已经在忙着问"可以不要吗"。孩子们似乎有一种迷思：只要与众不同，就会得到"有创意"的称赞。这种刻意求反、一定要颠覆标准的想法实际上却阻碍了学习，形成另一种刻板，影响个人观察与判断眼前事物的能力。

孩子有这些反应并不奇怪，因为今天多数的父母也经常很简单地认为：纪律是捆绑，创意是开放。他们为了让孩子拥有所谓有创意的启发式教育，而不敢给任何规定。父母认为，孩子无论何时何地都要拥有如天马行空般的自由，才能使天性得到发展，洪

221

兰老师同意这样的看法吗?

在我指出小朋友工作上的某些错误时,他们经常不仅不以为然,还会理直气壮地回答:"有什么关系!如果是我们的老师,他就会说,这样也很有创意啊!"小小的脑袋因为接受太多"以创意为名"的鼓励,几乎觉得事事并无标准可言,也无事不能以创意了结。洪兰老师对此又有什么样的意见?

学习陈腔不是错,把陈腔唱成滥调就是问题

有一次,有位朋友请我看一下她儿子的作文,虽然是语文资优班的高中生,但写作词不达意。我针对他给我看的文章,从老师简单批改的部分讨论起,再从遣词用句与思考结构的角度建议他如何重写。那天,我用的是红笔,谈论时在句行之间写了一些要点,离开前,我叮咛他也把重写要交出的文章用电邮寄一份给我。

一星期后,读到他寄来的文章,我真是吓了一大跳,因为他只是把自己原来的文章加上我用红笔写下的要点,直接相连成新的一篇,这篇文章不但没有完整的意义,更无文法可言。

我问他老师看了之后怎么说,本以为大概是要挨一顿骂的,没想到孩子却告诉我,老师的评语是:"文章短则短矣,但颇有创意。"

我觉得浅释创意已对学习造成危害。当指导者把学生的"不正确""不精彩"或"不够用心"等肤浅的表现都解释为"创意"时,孩子就更不了解该下功夫的意义了。家长是否要先解开自己对"模仿"与"因循"的迷思,了解这两种过程对学习有益的部分,只

222

要不是"不了解的模仿"或"苟且的因循"，孩子就不会成为呆板的学习者。学习陈腔不是错，把陈腔唱成滥调就是问题。

教育家杜威曾对创意有一段很好的说明，家长如果了解，对于辅导孩子应该会有帮助。

思想是有创造性的，是涉入新的事物。思想包含发明的意思。引动的联想当然一定在某些脉络关系上是熟悉的。……牛顿的原创性在于应用这些熟知事物的方法，把它们放进不熟知的架构里。每次不凡的科学发现、每项伟大的发明、每件了不起的艺术创作，也都是如此。只有没有常识的傻瓜会认为奇怪的、幻想的东西才是有原创性的。

想象力不是无中生有，创意也不是反对规则

有些人认为创意的指标就是颠覆传统，只要反对多数人的看法就是创意，做别人不敢做的事就有创意。孩子受此影响，养成了不明所以就先反对的习惯，但他们反对的背后其实是没有真正的看法或主张的。请问洪兰老师怎么看待这些情况？

有一次，我看到一位教导创意的老师整个人坐到讲桌上开场，他挑战地对学生说："为什么桌子不能用来坐？如果你们觉得我的举动很奇怪，就是没有创意。"我觉得这位讲者不只缺乏真正的创意，对家具与人类生活的沿革也没有常识。

在我的理解中，创造需要技术，而技术需要学习与练习。所以，我很同意朱光潜先生说的一句话："创作是奠基于旧经验的新

综合。"洪兰老师以研究大脑的专业来检视这句话，是否也成立？创造力是可以直接学习的一种能力吗？还是需要很多基础能力来激发串联的心智展现？

我看到很有创意的孩子似乎都有一种特质，他们视许多规范为自然，因为心中感到真自由，所以并不觉得学习的要求是难以忍受的捆绑，这些孩子往往能做出让人惊喜的作品。比如说，有一次我请小朋友用毛线设计并做出他们记忆中妈妈的发型，当我建议缝线用白色，这样针脚可以表现出发际的分线，有几个孩子一听完就问，可不可以不要用白色的线，可不可以不要……当他们还在苦思着如何反对时，另一些小朋友已开始动手尝试其中种种可变动的条件，在大方向下完成真正有创意的成品。我最记得的是，有个孩子用了四五种同色系但深浅不一的毛线，把妈妈的头发缝得好生动。他的作品无须多加解释就使我相信他是一个很有创意的孩子。

杜威曾提醒大家，想象力不是无中生有，家长也应该了解，创意的意思并不是反对规则。

Answer

给Bubu的回应

创意是思想上的自由，更需要纪律来执行

启发式教育是引导孩子通过归纳和演绎，自己去找出答案，

它跟纪律一样是学习的要件。纪律绝对不是捆绑，纪律是明了自己的责任，自动自发去做自己应该做的事；捆绑是违反自由意志（against free will），把外力强行加诸身上，强迫其就范服从，它跟纪律有很大的不同。通常我们讲到纪律，是指这孩子已经把规矩内化成他行为的准则，是已经诚于中，才会形于外，在他的行为中自动地表现出来。

创意是思想上的自由，不是行为上的放荡。或许有些人受到艺术家不修边幅的错误观念影响，以为去买个法国扁帽来戴一戴，胡子三天不刮，衣服一周不换，就是艺术家。其实真正的艺术家是很有纪律的，米开朗琪罗仰躺在西斯廷礼拜堂的高架上，画了四年才完成《创世纪》这幅名画，没有纪律怎么受得了这种苦？纪律是所有成功的要件，即使再好的点子，也是要做出来才算数，而执行的过程，没有纪律、没有毅力是不可能成功的。

想要标新立异，也要标得有道理、有美感

现在也有人把创意和标新立异画上等号，但创意不只是标新立异而已，它还得标得有道理、有美感，很多时候还要有实用价值，这项创意才会流传下去，不然时尚的风潮一过就会不见踪影。美虽然是主观的，它仍有客观成分在内，所谓英雄所见略同，每次艺术评比，评审虽然各自打分数，但是最后结果揭晓，其实八九不离十，大家的结论都很相近。也就是说，好的东西大家还是会看到、会喜欢。

虽然美感是直觉的，无法诉诸文字，但至少大多数人对美都有同样的观感，因此影视明星的内衣外穿是标新立异，的确与众不同，但内衣不穿在内，就违反了内衣的定义，于是流行不久。王尔德（Oscar Wilde）说："时尚就是一种丑，丑得我们无法忍受，以致每不到六个月就必须换一次。"这虽然有点儿刻薄，可是想想，真正好的东西是持久不变的。

创意并非只是破坏旧事物，更要有积极的新建设

我对年轻人把叛逆视为创意有点儿忧心，或许是很多孩子的想法不被大人接受，因此他们反抗现实，故意跟父母唱反调，就好像越战时的嬉皮。嬉皮文化的确改变了美国社会，把人们从很多不合理的桎梏中解放出来，但是破坏容易建设难，不可讳言，在旧的价值观被唾弃又没有新的出现得以取代之际，美国人经历了很长一段时间的空虚状态，心灵找不到寄托。于是很多人去东方寻找智慧，因为旧的破了，新的未起，人们不知何去何从。

反对别人的看法不是创意，你要提出比别人更好的看法，才是创意。所有的大师都是先下苦功，一点一滴如学徒般开始学习、累积经验，再熟能生巧，从旧有作品之中变化出新的创作。所以毕加索、张大千都曾临摹别人的画，这并不羞耻，人本来就不是生而知之，必须要学，妄想不下苦功、一步登天是不可能的。劳动是教育孩子品德很好的方式，不流汗、不懂得吃苦就不懂得珍惜，空有动机，没有纪律、没有毅力去完成，也是枉然。

我不晓得什么叫"真正的创意",但一般来说,能从不同的角度来看事情,能在同一件事情上看到别人没有看到的层面,都叫"创意"。父母只要平日不把孩子限制得太死,创意就会无时无刻不从孩子的大脑中飞出。几米说得好:"一颗苹果被虫咬了一口,人会说:真可惜,好苹果变成烂苹果了;一颗苹果被人咬了一口,虫会说:它还是一颗好苹果。"所以不要用你四十岁的世故去看他五岁的天真,只要克制你自己,不去常常给他泼冷水,孩子的创意是你拦不住的,因为好奇是动物的本性,而人是动物。

在确定"没有兴趣"之前，
先帮助孩子"学会"

能不能做得好，是判断有没有兴趣的唯一标准吗？

Bubu老师

- 我们其实不能从孩子无法做好一件事来直接判断他一定没有兴趣，因为很可能他只是没有受到正确的教导，在确定"不爱"之前，要先改变方式帮助他们"学会"。

- 如果能把事情做得很好，却仍然不喜欢那件事情的孩子，我们就应该允许并帮助他们去寻找另一份真正的兴趣。

洪兰老师

- 很多父母误以为兴趣最重要，"有兴趣就能学好"，而接受孩子以"我没兴趣"当成不好好学习的理由。

- 兴趣只是敲门砖，是个推手，兴趣再高还是需要努力，才能成大师；光有兴趣，不肯下苦功，同样会一事无成。

- 责任必须超越兴趣，凡是该做的事，不论有无兴趣都得做，因为它是责任。

请问洪兰老师

"兴趣"是快乐学习中的仙丹妙药，还是不实梦想？

过去，一个孩子没把事情做好时，家长通常会认为孩子是不够认真；现在，父母面对同样的情况，却往往认定孩子是因为不感兴趣而无法学成。在我看来，这两种态度都太独断，缺少教育者应有的关怀。所以，我想跟洪兰老师讨论"兴趣"这两个字背后复杂的力量。

当父母对于"有兴趣就能学得好"这句话深信不疑时，会从中推想出并不正确的看法：人做有兴趣的事必能轻易上手，会很快显现出成果，而且做的时候都很愉快（这刚好是快乐学习的不实梦想）。因为有这样的误解，所以当孩子在学习上遇到困难而不愿再努力时，父母就认为他对这项技术或知识缺乏真正的兴趣。

在社会上，人们看到一个人把事情做得很好或做得很久的时候，经常也会说："因为他很有兴趣！"好像"兴趣"可以神奇地化所有的辛苦为快乐，是学习中的一颗仙丹妙药。现在社会又因为交流多，亲师之间探讨的这些论点都听在孩子耳里，于是孩子也开始产生一种心态，只要做事稍遇困难，就想放弃。我遇到过好几个年纪还很小的孩子，就会学着大人的语气为自己解释："我的兴趣不在这一块。"有一次，我又好气又好笑，很想回问："要不然说说你的兴趣在哪一块？"

洪兰老师同意如此简单地以兴趣来作为学习应该放弃或继续的标准吗？在小朋友还在学习基础知识、接受基本教育的阶段，如果任凭他们以兴趣为由来决定自己的学习态度，是否会造成常识不足的结果？

比如说，当我发现小学五、六年级的孩子对基本的世界地理并没有足够的概念时，有些父母就会帮孩子解释："他比较喜欢科学的东西，比较不喜欢地理、历史这些死记的东西。"要如何让父母了解，中学前的基本科目，是无论有没有兴趣都应该具备的基本常识，跟大学选择去念地理系或历史系的意义有所不同？

自以为没有兴趣的学习，也可能通过引导而改变

我从小就很讨厌吃煮成咸味的豆子，一直到二十几岁时，第一次在德州吃到墨西哥饼中的豆泥，才完全改变我对豆子的想法。喜欢之于口味，应该类似于兴趣之于事物，原本自以为没有兴趣的学习，如果遇到了适当的引导，还是会改变的，对吗？对于必须具备却缺乏兴趣的能力，改变引导的方式是否应被教育者视为责任？我想请洪兰老师看看梁实秋先生的一段文章，您也同意用纪律来思考某一个阶段的学习吗？

高中与大学一、二年级，是读书求学的一个很重要阶段。现在所谓读书，和从前所谓"读圣贤书"意义不同，所读之书范围

较广，学有各门各科，书有各种各类。但是语文、英语、数学，是基本学科，这三门不读好，以后荆棘丛生，一无是处。而这三门课，全无速成之方，必须按部就班，耐着性子苦熬。读书是一种纪律，谈不到什么兴趣。

梁启超先生是我所敬仰的一位学者，他的一篇《学问之趣味》广受大众欢迎，很多人读书凭兴趣，无形中受了此文的影响。我也是他所影响到的一个。我在清华读书，窃自比附于"少小爱文辞"之列，对于数学不屑一顾，以为性情不近，自甘暴弃，勉强及格而已。留学国外，学校当局强迫我补修立体几何及三角两课，我这才知道发愤补修。可巧我所遇到的数学老师，是真正循循善诱的一个人，他讲解一条定律一项原理，不厌其详，远譬近喻地要学生彻底理解而后已。因此，我在这两门课中居然培养出兴趣，得到优异的成绩，蒙准免予参加期终考试。我举这一个例，为的说明一件事，吾人读书上课，无所谓性情近与不近，无所谓有无兴趣。读书上课就是纪律，越是自己不喜欢的学科，越要加倍鞭策自己努力钻研。克制自己欲望的这一套功夫，要从小时候开始锻炼。读书求学，自有一条正路可循，由不得自己任性。梁启超先生所倡导趣味之说，是对有志研究学问的人士说教，不是对读书求学的青年致辞。

真正没有兴趣的事，做得再好也不想继续

大家经常为兴趣重不重要而辩论，我想请问洪兰老师，以下的看法是否正确：我们其实不能从一个人无法做好一件事来直接判

断他一定没有兴趣，因为很可能他只是没有受到正确的教导。所以，在确定"不爱"之前，要先改变方式帮助他们"学会"。但是，如果能把事情做得很好，却仍然不喜欢那件事情的孩子，我们就应该允许并帮助他们去寻找另一份真正的兴趣。

记得我们一起到马来西亚时，我曾请教老师一个问题。当时有位朋友的女儿想要从餐饮科转到育保科，但学校老师不肯，因为老师觉得她已经很爱逃学，在育保科会无法毕业，而她餐饮的基本功很好，应该留在餐饮科轻松毕业，为什么要转科冒不能毕业之险。

我很反对学校老师的这种看法，因为这个孩子曾在我的餐厅打工过一整年，我是第一次看到一个孩子能把一件事做得那么好，却那么不高兴的。我因此而认为她虽然在厨事上很有天分，对餐饮业却缺乏真正的兴趣。所以，她并非是拿着兴趣当借口准备逃跑，父母与老师应该帮助她寻找出真正的兴趣。也许，她去了育保科，因为有兴趣就不再逃学了。记得当时您也赞同我的想法，并以自己为例告诉我，您在台大法律系虽然读得很好，即使拿了书卷奖却没想要走入法律界，出国留学后，还是重新找了方向。

很有兴趣的事，也不是就能轻易完成

接续您以自己的例子印证——"没有兴趣的事，做得再好也不想继续"，我想再跟洪兰老师讨论"很有兴趣的事，也不是就能轻易完成"这个观念。

记得您在另一场演讲中又曾说到，到美国开始进入新的领域学习非常辛苦，但因为人去做有兴趣的事，就会不以为苦，所以当时虽然有经济与学习的双重压力，身心却感到充实快乐。那么，我们可以说，兴趣代表的并非是学习天分，而是一种学习驱动力，或帮助克服困难的耐力吗？

有位读者曾经问我，她的孩子从高中休学，不肯去读书了，因为他说自己对表演魔术有兴趣。我问这位妈妈，那这个孩子现在为他的兴趣做了什么努力，是否自己也在进修魔术。妈妈说没有，他只参加过一次比赛，平常什么也没有做。在这种状况下，我们应该如何指引一条路，让孩子看清兴趣并非是逃避眼前生活的借口？如果我们看到孩子对于自己表示有兴趣的事做得实在不好，应该如何给予辅导？

Answer

给Bubu的回应

"我没兴趣"不该成为"不好好学习"的借口

现在，"兴趣"被学生拿来作为"不想学习"借口的程度，就好像法国大革命时的"自由"一样，"多少人假汝之名"逃避功课和现实。很多父母误以为兴趣最重要，"有兴趣就能学好"，而接受孩子以"我没兴趣"当成不好好学习的理由。其实兴趣只是敲门砖，是个推手，兴趣再高还是需要努力，才能成大师；光有兴趣，不肯下苦功，同样会一事无成。

在新加坡开米其林餐厅的江振诚，他对餐饮有兴趣，但也曾在法国米其林大厨的餐厅里无工资地削了两年的马铃薯，他是"吃得苦中苦，方为人上人"的好例子。相反地，有些人因为家境贫困，不得不做某个没有兴趣的工作，但是做久了，在工作中找到价值，有成就感了，兴趣也就出来了。一九六九年，纽约市有个下水道工人退休，市长、州长都来为他开惜别会，记者问他："下水道这么臭，你怎么能忍受三十年，而且甘之如饴？"他回答："起初为了一家温饱，我只好忍受。有一次，一台抽水机短路了，海水立刻涌进，我才发现原来自己的工作关系着全纽约市民的安危，只要一台抽水机坏掉，纽约市的电路、地铁都会停摆，因此我每天必须尽责地巡逻。久而久之，我不再觉得它臭，我看到的是自己工作的重要性，于是就这样过了三十四个寒暑。"市长则说："他是颗小螺丝钉，但因为这颗尽责的螺丝钉，我们才能安心生活，我今天代表全纽约人民来向他致敬。"

这件事发生在我刚去美国念书的时候，让我印象深刻，因为我从中看见了美国富强的原因，更想到人生不可能样样遂心，拿到不好的牌却打到满贯的人，更值得敬佩。小时候家里养鸡，我被分配到喂鸡的职务，我不喜欢，因为鸡粪很臭，但不能不做，这是责任。喂久了之后，每天只要我一走近，鸡就全部围过来，远处的鸡甚至会飞奔过来，那种被需要的感觉让我即使生病发烧都会起床去喂鸡。所以，兴趣有天生，也有后天培养，它们都带来成就感，只是前者做起来容易一点儿罢了。

兴趣在学习中固然重要，但成就感更是关键

哈佛大学做过一个实验，研究者找了对乐高有兴趣的大学生来组合乐高，第一次组合给两元美金作为酬劳，第二次比第一次的报酬少十一分，只有一元八毛九分，第三次比第二次再少十一分，学生可以一直做到不想做为止，不限时间，没有金钱上限。两组的待遇一模一样，但是第一组做完后，实验者会在桌子底下偷偷把它拆掉，装回盒子里；第二组则是让受试者看到实验者当面把他刚组合好的乐高拆掉，再装回盒子里。结果第一组的学生可以做十几次，减到最后几乎都没有报酬了还在做；而第二组的学生看到组好的成品被拆掉，觉得前功尽弃、没有成就感，做一做就不想做了。他们原本都是喜欢乐高的学生，可是一旦觉得自己在做白工，没有成就感就会使兴趣消失。所以，兴趣固然重要，成就感更为重要。

在我初识字时，每次上街，父亲都会叫我看广告招牌念念，念对时他很高兴，会对我微笑，这种非物质的鼓励要比给钱给奖品的效力更大，让我和妹妹拼命去认识新字来取悦大人。每年元宵，父亲还会带我们去猜灯谜，他说好的灯谜对学习很有帮助。灯谜就像是脑筋急转弯（当时还没有这个名词，但这个形容很贴切），例如有个谜面是"车祸"，打成语一句，谜底是"乘人之危"，这时的"乘"不再是动词而变成形容词，是乘车之人的危险了。父

亲特别喜欢这样的谜语，让我们练习跳出原有的框框，使思考活跃。每年猜到灯谜拿回的文具奖品都会令我高兴很久，不是为了获得一支铅笔，而是因为我看见了学习的效果，能够学以致用，就会产生再学更多的动机。

现在回想起来，要能猜得出谜语，脑海中必须有很多现成的成语及《论语》《孟子》中的句子，而且要能从另一个角度去解释谜面，这时答案就出来了。因此我一直认为，要了解一个人的语文程度如何，不是去考他生字认得多少，而是给他看谜面，看他挑哪个谜底，如果谜底紧扣谜面，这个人的语文程度就是好的。

兴趣是建立在基本知识上的，要先打好基本功

兴趣是建立在基本知识上的，什么都不知道，如何谈兴趣？其实，兴趣是培养出来的——看人家在做，自己试一试，一试，成果不错，看到别人做得满头大汗，自己做起来却轻松如意，于是愿意再做一次，一直受到正回馈的鼓励，最后就成为兴趣了。所以，凡是做自己有兴趣的事时，每个人都是眉开眼笑的，没有愁眉苦脸的，那是源自成就感。

孩子还小，不知道自己的兴趣在哪里，但基本的知识一定要先有，所以在小学时期，老师和家长的督促和要求都比较多，因为这是打基本功，根基不好，将来无法承担大楼的重量。在打基本功的时候，不能以"他比较喜欢科学的东西，比较不喜欢地理、历史这些死记的东西"为理由，而忽略历史、地理知识的重要性，

这部分其实是一个人的人文素养，将来与别人交谈，不知道人家在谈什么，自己插不上嘴时，会很尴尬，也对孩子的前途有影响。

曾经在一个非常正式的场合，有位外国来宾对中国皇帝没有侵略性、占有欲感到很好奇，他问："西班牙国王出钱让哥伦布去发现新大陆，建立殖民地来掠财，中国皇帝派郑和下西洋去宣扬国威，却只送礼，不建立殖民地，连建舰出航的本钱都没有从殖民地身上捞回来，为什么？"我们之中有一位大学校长竟不知道郑和是哪个朝代的人，以为是十九世纪，引起那个外国人侧目。我很惊讶，连外国人都知道郑和的事迹，怎么我们自己的人反而不知道他生在哪个朝代呢？后来我才知道，这位校长是念理工的，很可能他小时候父母就是说"他比较喜欢科学的东西，比较不喜欢地理、历史这些死记的东西"，结果四十年后就闹笑话了。

其实，越是在上位的人，各方面的修养越好，在各种场合也越是谈什么都头头是道。有一次斯坦福大学的校长来台访问，我有幸跟他同桌吃饭，座中陪客都是各个领域的专家，只见他从莎士比亚谈到基因改造，左文艺、右科学，左右开弓，应付得非常好，最后得到我们所有人的尊敬，都认为他不愧是一流大学的校长。孩子若有这样的功力，事业一定会更上一层楼。

当孩子进了大学，智慧已开、见识已多，在选择将来就业的科系时，兴趣才是主要的决策因素。小学、中学是通识教育，不是专业教育，不可用兴趣作为理由而不学习。但若是老师教得不好，引不起孩子的兴趣，父母可以帮忙。其实历史应该是个很有趣的科目，它告诉我们自己从何而来，要怎么做才不会"无忝尔所生"。我记得小时候看《东周列国志》《隋唐演义》等，里面都是故事，好看得不得了，书中的人名、地名还没背就已经深入记忆，看完了，历史也读好了。父母可以鼓励孩子多看课外书，补充课本的不足。

责任应该超越兴趣，读书也是一种纪律

兴趣不能拿来当借口的另一原因是：责任必须超越兴趣，凡是该做的事，不论有无兴趣都得做，因为它是责任。我父亲常说："先把该做的事做掉，你就有时间去做你喜欢做的事。"当你不抱怨地尽完责任时，你会发现，虽然你不喜欢这个工作，做完了也会带给你成就感；有了成就感，再做同样的事，你就不会觉得苦了。所以不抱怨、尽力去做，是成功的要点。有道是："任难任之事，要有力而无气；处难处之人，要有知而无言。"我家这则传家格言还真有些道理。

至于现在学生缺乏阅读的兴趣，可能是在启蒙时没有做好。曾经有个偏乡小学的校长想要推广阅读，来信要我买世界文学名著《老人与海》给他的学生看，文学名著很好，但不适合启蒙，它会破坏学生阅读的胃口。因为"说话是本能，阅读是习惯"，既然是习惯，就得先投其所好，喜欢上了才会再去读，要用渐进法，一点儿一点儿地引诱学生走进阅读的门。

在美国一、二年级时，老师不会规定学生读什么书，三年级以后开始开书单，全方位地打各种知识基础，这时学生即使不喜

欢这本书也得读，因为它是教育的一部分。所以梁实秋先生说："读书是一种纪律，谈不到什么兴趣。"但是读久了、读通了，兴趣也就来了，因为读通了就有了成就感，这种成就感在大脑中的作用跟吗啡差不多（实验发现，当千辛万苦完成一件事，例如百岳攻顶时，大脑会分泌脑内啡，这是大脑自己产生的吗啡，会让人快乐无比）。

不过，梁实秋先生认为越是自己不喜欢的学科，越是要加倍鞭策自己去努力钻研，这一点我不太赞成。因为台湾有体罚，考不好会被打、被羞辱，对孩子的身心是很大的负担，加上恐惧会干扰学习，感觉紧张时，身体从副交感神经系统转到交感神经系统，会瞳孔放大、手心出冷汗、心跳加快、膀胱失禁。我们都有小时候被叫到黑板前做算术的经验，这时讯息进不去大脑，有看没有懂，有听没有见。我倒是认为，先从孩子的强项着手，等他自信心恢复后，长处自然会把短处带上来。

我个人很赞成梁实秋先生所说的"读书是纪律"。事实上，父母给孩子最好的礼物就是纪律。纪律是成功之本，生活有纪律，身体会健康；学习有纪律，效果会事半功倍；做事有纪律，事业会成功。所以他解释梁启超先生所倡导的兴趣之说，是对有志研究学问的人士而言，不是对读书求学青年的致辞，这一点我是同意的，兴趣不可用来作为逃避责任之借口。

兴趣代表的并非学习天分，而是学习驱力

有一次我们去做田野调查，问一位乡下老太太她的兴趣是什么，一开始她没有听懂，经过解释后她说："那不就是早上眼睛一张开，迫不及待地跳下床，兴高采烈去做的事情吗？"这是我所听过对兴趣最贴切的定义。Bubu老师说得对，兴趣代表的并非学习天分，而是学习驱动力，兴趣可以帮助克服困难，使孩子有耐力面对挫折。因此，说自己对魔术有兴趣，却又没有对此下功夫，那不是真正的兴趣。真正的兴趣会使一个人不计困难地把它做出来（make it happen），而且在做的时候会全神贯注，不知东方之既白。

兴趣和能力并不可画等号，例如我对拼布很有兴趣，我也喜欢撕纸画，但是这两种我都做得不好，因为我缺少艺术天分。但是我不会做，并不妨碍我去看拼布或撕纸的展览，也不妨碍我在家中自己做，只要不拿出去给别人看就是了。教导孩子最忌人云亦云，因为每个孩子不一样，不可一味模仿别人的教育方法，但很多父母都会相信广告的口号，而不去求甚解。

教养孩子最简单的方法，就是从小把规矩定好，超越规矩绝对不容许，在规矩之内则请让他自由发展，不要管太多。有时真觉得父母担心太多了，过度忧虑，孩子也会长不好。柳宗元在《种树郭橐驼传》中讲得很清楚，树种下去不可以一直挖起来看长根了没有，这样树会死的；天天追问孩子进步了多少，他也会不喜欢学习的。

在"及早"栽培之前，
先让孩子"正常"发展

对于孩子早发的兴趣和天分，要如何看待与培养？

Bubu老师

◆ 有很多成功的艺术家并不是
从小立定方向、一路训练而
成的；也有很多小天才长大
后不是才华不够，而是因为
比正常人狭隘的经验而提前
凋零。

◆ 我们绝大多数的人都不是天才
的父母，即使是，也不该忘记
完整的生活才是生命的目标，
才可能对社会有所贡献。

洪兰老师

◆ 真正的天分是扼杀不掉的，
但放弃基本知识的学习，会
使孩子的兴趣无法更上一层
楼去发挥。

◆ 才艺到最后一定需要品德的
内涵加持，才能发光发亮，
我们要培养的是大师而不是
工匠，孩子需要广泛阅读、
涉猎才能提升自己的境界。

请问洪兰老师

不必因为早发的兴趣，急着帮孩子决定人生的方向

前一篇我们讨论了对于"没有兴趣"的看法，以及如何在没有兴趣之下引导孩子继续学习，而这一篇我想请问洪兰老师的是——

当父母看到孩子早发的兴趣时，该不该过度看重这个契机？为了节省时间，去发展一种兴趣而荒废其他的学习，这是正确的选择吗？（我所说的其他学习并不是另一种才艺，而是基础知识）

这几年我所接触的小朋友，年龄多在五到十二岁之间，从幼儿园到小学正是父母对教育最好奇、最疑惑，也最紧张的阶段。再过几年，他们会变成即使关心也不敢采取行动，所以如果能在这个阶段把自己的心态调整好，对于之后跟孩子好好相处是很有帮助的。

我遇到过好多父母问我以下的问题，虽然提问的时间与场合不同，但他们的疑问却指向同一份忧心："我会不会因为现在没有做出足够正确的决定，而埋没了一个天才？"规模小一点儿的则近似于："我是否会因为眼光不够，而耽误了孩子更好的发展？"这些父母都在考虑"要不要更早一点儿"帮孩子决定

未来的职业志向。

我的小女儿在上小学之前怎么都学不会注音符号，也认不得汉字。幼儿园老师向我反映这件事，我于是在家自己协助，慢慢教，但女儿今天会，明天就忘了。我不灰心，再缩减教她的量，虽然也经常感觉徒劳无功，但为了让孩子了解慢慢地做总会学成，我们的练习还是每天持续。

当时这个孩子已经明显地展露出绘画方面的天分，所以我的脑中也曾闪过一个念头：也许她就是一个有某种特别才能的孩子，所以其他方面跟别人不一样？为什么我不让彼此都轻松一点儿，让她尽情发挥艺术家的天分？我看她画画时也的确很快乐，大家不是都说"孩子快乐就好"吗！

但随即我又想起了自己的责任，也想起所有能创作出感人作品的艺术家都有着深厚的知识底蕴。要接触不同的文化总要有基础的工具，而文字、阅读与学习的习惯，就是我应该帮助她拥有的工具。我知道自己所做的决定会深深影响孩子未来所接触世界的广度，所以，我认为她还是需要普遍的能力，我想要帮助她"正常地发展"。

孩子在上小学后的第三天，我们举家迁往曼谷了，她接着进入国际学校，但我并没有放弃与她一起建立普通知识的工作。每天我会在忙碌的工作中拨半小时或一小时，陪她读一点儿书，认识一点儿文字，回想起来，这收获不只是知识本身，更是一天天加总起来对于耐力的认识。虽然在她受教育的这十几年里，我没有加强培养她的绘画才能，但等她上高中在学校修了艺术课程后，还是很快就显露出这方面的天分。所不同的是，因为我们做了先前的选择，没有荒废该学的项目，所以她能奠定不同领域的知识基础。

基于自己的经验，我很反对父母在孩子还小的时候，只因为看到能力的一线曙光，就帮他们决定了人生的方向。长大一点儿的决定才是自愿的，如果真的有天分，身心都成熟之后再训练，应该也不迟吧！

当然，也是因为无法在一个人的经历中同时进行两种不同的实验，所以父母的心里就常有疑惑。不过，不要忘了，有很多成功的艺术家并不是从小立定方向、一路训练而成的，像画家凡·高、舞蹈家玛莎·葛兰姆；也有很多小天才长大后不是才华不够，而是因为比正常人狭隘的经验而提前凋零。我们绝大多数的人都不是天才的父母，即使是，也不该忘记完整的生活才是生命的目标，才可能对社会有所贡献。

教师应该带领家长，走出对教育的短视与自我束缚

从家长们的提问中整理出有关兴趣的疑惑，大概有三类：

1. 我的孩子对某方面很有兴趣，您觉得我应该好好培养他往这方面发展吗？

2. 孩子虽然不喜欢读书，但很喜欢手工艺，一做起来就废寝忘食，我是该阻止还是允许呢？

3. 才艺班老师说我的孩子在某个方面特别有天分，我该让他

放弃其他的学习，以专注对此的发展吗？

其中一个最特别的例子是，我到一所小学演讲，有位家长在会后询问我，她说孩子的美术老师要孩子休学去大学旁听，又说老师认为孩子现在的画作每幅至少已经能卖几十万元，绝对是个天才。不过这个妈妈同时又觉得孩子在音乐上也有过人的天分，她为此更加困扰，不知道该选美术还是音乐。

我告诉她，自己不能给她任何意见，但我觉得，如果这位美术老师是一位真正的好老师，就不该在孩子还这么小的时候，用"一幅画能卖多少钱"来引诱家长做出决定。如果我是家长，也会更冷静地想一想所有的状况。假设天才只是要提前经历一切，也提前结束赞美与掌声，我宁愿孩子的发展与他的成长有更美好的延续。

我常感受到家长在教育上所遭遇的困难与多重的担心，他们对于教师的信任就像病人对于医生的仰赖。所以，一位好老师应该主动带领家长走出自我束缚或局限一隅的短视，简化问题、提供建议，才能安慰父母的焦虑忧思。就这个角度来说，洪兰老师您觉得有幸成为教师者，应该如何加强自己的素养，并以这个身份为荣、彼此共勉？

给 Bubu 的回应

真正的兴趣，是父母耽误不了，也无法被埋没的

真正的兴趣其实是父母耽误不了，也无法被埋没的，父母不必有罪恶感。就像美国的摩西奶奶（Grandma Moses），她七十六岁才拿画笔，但天生的艺术才能让她成为一九五〇年美国新闻学会所选出五位最有新闻价值的人士之一，八十八岁时则被 *Mademoiselle* 杂志选为年度最佳女青年（Young Woman of the Year）。而她是在得了关节炎不能拿针做刺绣之后，才拿起画笔展开艺术创作的。

像摩西奶奶这样的例子其实很多，即使像舞蹈、音乐这种本来从小就要栽培的才能，也可以因兴趣而克服身体柔软度的限制。明华园的孙翠凤是二十几岁成年后才去学歌仔戏，她练起来可能比十岁就去学戏的人辛苦，但是练成了，一样是当家小生，明华园的台柱。

或许有人会说：才艺的东西不是越早学越好吗？是的，但努力更重要，后天的努力可以弥补先天的不足，人家一遍我十遍，最后也会成功。当练习超过一万小时之后，熟能生巧，做这件事的神经回路会变成自动化，就像欧阳修在《归田录》中所写的卖油翁一样，他卖了四十年的油，闭着眼睛也能把油滴入瓶中而不沾

246

污放在瓶口的铜钱。所以毅力是一切成功的必要条件，以为聪明就一定成功是不对的。

只要肯学，早学、晚学并没有那么大的关系

天下没有不劳而获的事，要成功都必须下苦功去练基本功。很多孩子看到别人学才艺，很羡慕便吵着要学；有更多情况是父母看到别家孩子在学，自己也不是拿不出这个学费，便也送孩子去学。结果有天赋的孩子，学得轻松、做得好，便愿意再学；没有天赋的孩子，学习变成苦差事，就会找各种借口不想学。这时父母的态度很重要，不要强迫他，打他骂他会使他对学习产生恐惧，并且因此伤了亲子关系；等他长大了，愿意学了，随时可以再学。

钢琴家郎朗在他的自传中说，他父亲天天逼他练琴，又打又骂，他虽然拿到了柴可夫斯基大奖，成了知名钢琴家，但他在成长过程中是恨他父亲的。现在他虽然会说没有父亲就没有今天的他，但他失去的童年是弥补不回来的，变成他人生的一份遗憾。所以，不要为图自己的颜面去逼孩子，人生路很长，只要肯学，早学、晚学并没有那么大的关系。成功不是赢在起跑线，而是赢在转折点，只要孩子持续有学习的动机，都有成功的希望。

一九二一年，斯坦福大学的心理学教授刘易斯·特曼（Lewis Terman）筛选了一千五百名高智商的孩子，给他们最好的环境，追踪他们六十年，看他们在最佳的先天与后天条件下，会有什么成就。结果这些资优生之中，并无一人拿到诺贝尔奖，虽然有

五十人成为大学教授，也有很多会计师、律师和医师，但是大部分资优生最后的成就跟一般人没有什么两样。所以，即使先天、后天的条件都这么好，最后还是得加上自己的努力才会有所成就（这是一个很知名的研究，有兴趣的人上网就可以查到厚厚四大册的研究报告，这也是在谈论资优生时，我们特别强调努力、毅力的原因）。

以基础知识为鹰架，兴趣发展才能更上一层楼

孩子对某方面有兴趣，当然可以培养他，但不应该把其他基本课程统统放掉，因为不论进入什么领域，基本的知识还是要有，它是学习新知识的鹰架。研究发现，新知识必须和旧知识挂上钩，才储存得久。

即使像专长是做面包的吴宝春，他要成为世界级大师，还是去学了很多提升品位涵养的知识。钢琴大师也绝不只是会弹琴而已，照谱弹琴只要机器就能做到，大师如何诠释一个作品，则需要深厚的人文素养。我们要培养的是大师而不是工匠，孩子需要广泛阅读、涉猎才能提升自己的境界，因此他需要听、说、读、写这些基本功。

天分扼杀不掉，但放弃基本知识会使孩子的兴趣（天分）无法更上一层楼去发挥，因为才艺到最后一定需要品德的内涵加持，才能发光发亮。当技术到了一个程度要升华时，一定要同时触动修炼者和欣赏者内在的核心价值，而所谓的品位，其实就是深厚

的人文知识、美的修养和由内而外的仪态风度。艺术必须能提高一个人的精神涵养，如果做不到这一点，就纯粹是感官上的东西，会使人衰弱下去，使人道德败坏。

真正的艺术家是有涵养的人，他们多是饱经历练，见过大风大浪，从世事的瞬间变动中得悟心绪的定性，要修炼到这样的地步，才可能创造出好作品。艺术是心灵的自我极限追求，不是只在意这幅画卖了多少钱，如果没有内在美做基础，所有的优雅举止和精湛艺术都不能使人的精神得以升华。最近有位艺术大师的画作在香港展览，被清洁工误当垃圾丢掉了，大家在听到这个消息时，第一个反应都是"啊！十几亿的钱飞掉了"，而不是说"啊！这个作品不能再有了"。铜臭的社会将造就出追求卖价的老师和家长，这却不是艺术教育的真谛。

读书和兴趣可以相辅相成，而非彼此抵触

所以，在孩子小的时候，不可以因为他的兴趣而放掉基本知识，因为基本知识是做人的基本道理，再好的天赋理由，都不能作为不学习阅读、不会简单算术、没有普通常识的借口。但有了基本知识之后，孩子当然可以去追求他的兴趣专业，这两者是相辅相成而不是彼此抵触的。我们反而会看到，因为孩子想多花一点儿时间去练琴、去画画，他会很快做好功课，把时间省下来做他喜欢的事。

就像Bubu老师提到的，如果孩子喜欢手工艺，就可以请他赶

快做完功课，好去做他喜欢的手工艺，以兴趣为动机，促使他先履行自己的责任，因为纪律还是所有学习的根本，是第一优先。真正的兴趣是扼杀不掉的，父母不必担心，只要父母态度正确，读书和兴趣两者可以俱得，马友友就是个好例子。

老师多与父母分享新知，能让教育更同步

在台湾，很多人离开学校后就不再碰书本了，所以外界的知识虽然进步很快，但对这种家长来说，他的观念还停留在自己做学生时的那一套。而台湾教育事务主管部门规定老师每年必须去上若干小时的课程接收新知，所以老师的新知识比一般父母多，若能利用联络簿分享，或影印一些新观念给父母，对孩子的教育会很有帮助。

在日新月异、知识爆炸的现代，老师除了教育学生，其实还需要教育父母，因为老师和父母就像车子的两个轮子，若是各走各的方向，车子就无法前进了。同时，老师若能先把正确的观念灌输给父母，父母也就不会去听信补习班或一些三姑六婆的谣言，让孩子去做大脑开发、间脑开发了。我们的心像块肥沃的田地，野草先长出来，稻子就长不出来了。看起来教育父母好像增加了老师的负担，其实这会使老师的教学更轻松、效果更好，收到事半功倍之效。

走出功课量的迷思，实践有效学习

父母与老师如何合力培养孩子的学习能力

Bubu老师

- 大量无变化的重复，对记忆是不利的。
- 老师要以自己的经验和对学生的了解为基础来布置功课，家长也要关心并鼓励孩子认真投入功课。
- 分析出课业中的"必要"与"浪费"，前者帮助家长主动协助老师，后者提升老师的责任感。

洪兰老师

- 合理的功课量与基于对学习者的了解和期待所派发的功课，才可能产生好的教育结果。
- 超前学习或过量学习都会害孩子一辈子，只有主动学习才能走得长远。
- 现在学生的听说读写基本能力，比以前更重要。

请问洪兰老师

大量无变化的重复对记忆不利，"主动学习"才能事半功倍

我教过一个很乖、很认真的女孩，她上初中后常常得熬夜，妈妈传功课给我看，数学考卷上有密密麻麻的红字，我一问才知道，原来是计算题每错一题，老师就罚用红笔抄写五次。那位老师"罚"孩子抄写，是因为他们主张借"做"而"不忘"，在这种无益的要求之下，有些孩子哭了，有些得十一二点才能睡觉。

可是他们并不需要对这种事情印象深刻，他们需要了解的应当是计算当中的道理，以及看见自己工作中应该改过的习惯。例如字迹潦草以致后来连自己都看错或看不懂。假如重复抄题，便是走向洪兰老师在《记忆的秘密》这本书第十章提到的一个主题：大量无变化的重复，对记忆是不利的。

如此，家长和老师的沟通也会变得更加困难。一部分原因是家长认为老师以作业量控制了孩子的时间，也有一部分原因是家长对作业的意义和作业量的问题没有足够清楚的了解。

家长希望孩子对课业有好的掌握程度，但绝不希望孩子的时间都困在功课中，这是一个合理的期待；既然是合理的想法，就应该可以找到有效的做法。我认为有效的做法，就是老师要以自己

的经验和对学生的了解为基础来布置功课，达到"事半功倍"的效果，而家长也要关心并鼓励孩子认真投入功课，但现在，我们的确看到孩子们有很多功课是白做的；而该做的却并没有踏实地去用功。

就好像一个小学毕业的孩子，应该要熟悉几千个汉字了。那些字该怎么写、怎么用，不能只靠无数次的练习来测验。这个暑假我帮一些小朋友复习功课，这才发现，大部分的孩子其实是"不会读书的"。他们以为读书的意思是坐在桌子前把文本来回瞄来瞄去，而后做测验，如果做错了，就再把答案连同题目一起记熟，以便短时间间隔的下次测验能考得更好。所以，他们实际上付出的时间如此之多，所得的收获却不合理。

这正符合了老师您经常说的一句话："片段的没有串在一起整合的知识是无用的。"对于我所感觉到"孩子不会读书"的这个现象，使我想起老师您二○○四年翻译的《记忆的秘密》这本书中的一段话："记忆并不是在接触到讯息时就自然产生，必须经过主动的分析、整理，与旧有的知识挂上钩，那个知识才会成为你的。"在这二十年中，虽然"主动的学习"这个语词经过老师您的传播与教育而经常出现在老师与家长口中，但我认为仍然有许多人还不够理解这句话与学习生活的密切关系。如今，教育的主张或形势即使看似有很大的不同，但事倍功半的学习状况仍在继续，孩子忙得一塌糊涂的生活状况也并没有得到大幅改善。

所以，请老师从大脑的运作角度分析一下，在能力的养成中，哪些方式或功课，是属于必要的，例如，记清楚单字？学会读、写？

而哪些要求是属于浪费时间的反作用力？

我认为，如果能分析出"必要"与"浪费"，前者可以帮助家长主动协助老师来辅导孩子有效地完成功课；而后者可以提升老师的责任感，既不是以功课磨光孩子的精神与时间；也不会以"家长不要我管，我就不管"来冷落孩子。

Answer
给Bubu的回应

家长和老师要达成教育共识，培养孩子学新知的能力

各科老师如果布置很多功课，但家长不愿意孩子做太多，这确实是个麻烦的问题。家长跟老师的教育观念不一致，孩子夹在中间就会左右为难。家长不想让孩子整天在家做功课是希望他们还有时间去学点儿别的，但学校老师又说，如果没考好就要挨打，这就很糟糕！所以家长应该先跟班级的老师沟通，但我也知道沟通很难，因为我自己就碰到过。

的确有老师在与家长沟通不良之后通知所有的老师，这个孩子如果转班你们不能收，因为他的家长很难相处，孩子于是成了惹事生非的人（trouble maker），最后只好转校。

我在二〇二〇年翻译了一本书，叫《大脑如何精准学习》，在序言中，我说自己和这本书的作者一致认为："教育是大脑的加速

器。知识分子的短期记忆力比文盲强了两倍。"又说:"人类学习的能力可以因为学校符合大脑发展的课程安排而变得更好。"合理的功课量与基于对学习者的了解和期待所派发的功课,才可能产生好的教育结果,产生"注意、主动参与、错误反馈、巩固所学"四个核心动力!

太注重分数仍然是大问题,我跟我的孩子讲,如果我去考试,很多的题目我也答不出来,所以,我不在乎他得多少分数。我记得他小学二年级的时候有自然科目,考题问"天气很冷"这句话是一种观察、判断还是推想。课本要教的是观察,但刚好那天天气很冷,我的孩子选的是判断,因为他说:我看到池塘的水结冰了,我看到路上行人走路都缩着脖子,他问:这样是不是可以判断今天天气很冷?后来我想,这个推想也是可以的。可是因为那个考试的标准答案就一个,要的只有"观察",所以他那天考得不好。考不好的惩罚是抄题目连答案,还要抄十遍,所以我看他一边抄、一边哭,觉得他很冤枉,也觉得题目本身有待商榷,所以写了封信给老师。最后老师就找我过去谈,意思是说,我们要教孩子,如果我们给孩子不明确的答案,那他以后不知道该怎么做选择。

我不赞同这句话。不必要做的事,做了也没有用。题目抄了,还是不会。

超前学习或过量学习都会害孩子一辈子,因为只有主动学习才会改变神经回路的联结,被动学习无法完成这个工作。我们要知道大脑发展必须循序渐进,拔苗助长是徒劳无功的。学习当然是辛苦的,但学会了以后才能快乐,天下哪里有不劳而获的东西呢？家长不能因为现在很多人主张学习要快乐，孩子喊不快乐，大人就紧张，只想到赶快减低孩子的压力；而学校老师更不能不了解培养出一位好的学习者是有方法的，不能再以土法炼钢。

现在学生的听说读写基本能力，比以前更重要，因为他们就业时的知识还未发明，要从事的工作还未出现，他们必须有学新知的能力才能生存、竞争——

能听，才能沟通；

能说，别人才懂；

能读，吸收才快；

能写，才能交换智慧。

孩子的阅读，
也需要做好时间管理

只要孩子想阅读，就应该随时随地满足他吗？

Bubu老师

◆ 当阅读活动与生活作息冲突，或孩子另有责任该完成但不肯离开书本，父母要理直气平地给予诚恳的提醒，让孩子理解：不要把喜欢阅读当成任意行事的通行证，我们都要学习在适当的时间做适当的事，孩子才不会觉得不能随心所欲去阅读是一种遗憾。

洪兰老师

◆ 阅读是好事，但是纪律优先，不可以因为做好事就不守规矩。父母应该让孩子知道，不是喜欢的、好的事情都可以无止境地做，要顾虑到别人的感觉，也要看自己有没有尽到本分。

◆ 孩子若是真心喜欢阅读，不会因为中断了而不读，他反而会更快地把该做的事情做好，迫不及待回来读完。

请问洪兰老师

在适当的时候做适当的事，也是很重要的教育

洪兰老师这十几年来不遗余力地推广阅读，又对教养抱持全面性的关怀，所以我整理了一些家长经常提到的阅读问题，相信您是最好的解惑者。

天下的父母都愿意把最好的东西以最正确的方法送给孩子，所以当阅读的好处深受推崇时，父母有时会因为阅读活动与生活作息冲突，或孩子另有责任该完成但不肯离开书本，而感到困扰。他们一方面知道阅读的习惯难以培养，所以害怕拒绝孩子的任何阅读要求，另一方面却不确定埋首书堆是否就等同于培养阅读习惯。

有些父母跟我说，当孩子反过头来理直气壮地问道："你不是说阅读最好，喜欢阅读的孩子不会变坏，那为什么我想把一本书看完的时候，你却不准？"这时，同意阅读很重要的父母竟哑口无言了，他们不敢要求孩子中断在不适当时间或不适当场合里的阅读。

我自己也遇到过几次类似的经验，我的处理方法都很直接，不知道洪兰老师是否同意，希望借着您的指导，提供给父母一些建议，适当地处理孩子痴迷于阅读的情况，探讨父母要如何理直

气平地保持孩子的阅读兴趣，并使他们了解：该放下书的时候不能懊恼生气。

我工作室二楼的一侧有很大的书墙，从挑空的课室抬头就会看到书架，但上楼去书房的楼梯却隐藏在两片门之后，因此对孩子来说，这个空间便有些不得其门而入的神秘感。有一天，有个小女孩在上课的时候一直不能专心做事，她跟我说她是"书虫"，来上课并不是为了学烹饪，而是要来看书，问我能不能不上这堂课，让她待在书房里。

虽然这对我来说没有任何不方便，但我并未答应孩子的要求。我认为，成人有责任教导孩子一个重要的观念：在参与任何活动之前，清楚自己是为何而来，来了之后就要全心参与，这与她有多喜欢阅读或是不是一只"书虫"无关。这个小朋友被我拒绝后很不开心，最后她也不愿意上课，说自己病了，宁愿趴在桌上不肯做事。之后，她又一次要求我让她躺在书房看书，说这样她的病很快就会好起来了，我还是没有答应，而以对待病人的方式来照顾她。

我想让这个孩子了解，不要把喜欢阅读当作任意行事的通行证，我们都要学习在适当的时间做适当的事。洪兰老师同意这个想法吗？您会建议家长如何处理类似的问题？

不能让孩子以"喜欢阅读"，任性规避应尽的责任

另有一次是我在"93巷人文空间"办活动，有一个八年级的

小朋友先前来争取要在当天担任我的助理，我很高兴，也分配了她应该负责的工作。活动前，她为了一件小事跟妹妹闹起别扭，接着就从背包中拿出一本书，坐在墙角边读了起来。

当时，有许多预定由她负责的工作正等着完成，所以我去请了她两次，要她放下书本，赶快归位完成助手的任务，但这个娇生惯养的孩子却置之不理，继续埋首于书本。我决定不再去叫她了，把工作重新分派给其他的小朋友，活动进行的几个小时里，这孩子就托着一本书，看似潇洒地独坐墙角中，旁观我们的活动。

隔天，我很严肃地跟她的母亲讨论这件事，希望她能让我跟孩子单独谈谈。我想跟孩子说，她当天的态度是很不负责任的，带给旁人很多麻烦，这样下一次她才不会因为任性再犯同样的错误。但是，这位母亲却护卫孩子当天的表现，她觉得这与责任感无关，孩子只是因为太喜欢阅读，在参与活动前又刚好拿到这本新书，急于想知道故事的结局。洪兰老师同意这位母亲的看法吗？如果是您，会如何说服这位母亲用更正确的方式来引导孩子的阅读？

这两个问题使我想起阿尔维托·曼古埃尔（Alberto Manguel）在他所写的《阅读地图》（*A History of Reading*）中提过的一个小故事。他说十六岁时曾在一家书店找到课后的工作，老板让他去清理存书的灰尘，认为这个方法可以帮助他迅速地弄清楚有哪些库存书，以及它们在书架上的位置。但书对作者来说是充满诱惑的，他不仅常常忘了清尘的工作，还曾经把书藏在口袋中带回家。在几段陈述自己对于阅读、藏书的心情之后，曼古埃尔说："有一两次，莉莉·列巴赫小姐见到我沉迷于一本新到之书，只告诉我继续把工作做好，这本书就留着带回家，利用自己的时间看。"我觉得这个故事很好，如果有诚恳的长辈给予提醒，孩子才不会觉得某一刻需要放下书、不能随心所欲去阅读是一种遗憾。

Answer

给Bubu的回应

先把该做的事做掉，才能更全心全意享受好书

纪律是教养中最重要的一环，没有纪律的孩子不能好好学习;阅读是好事，但是纪律优先，不可以因为做好事就不守规矩。我们家的孩子以前常有这样的经验，书看到一半，就要去赶校车了，或是要去做些预先设定要做的事，这时我母亲都会说:"书没有脚，它不会跑掉，你回来的时候，它还会在那里，你再继续看就是了。"而我父亲会说:"你先把要做的事做掉，就可以全心全意享受你的好书。"他们都鼓励我阅读，但也都强调责任和纪律的重要性。

我们小时候要喂鸡，鸡饿了会咯咯叫，母亲规定只要喂鸡时间到了，不论正在做什么事，一定要先把鸡喂饱。她常说"己所不欲，勿施于人"，要我们想象肚子饿了，而母亲不开饭的情形。所以在Bubu老师所举的例子里，当孩子顶嘴时，父母要马上反驳他:

"不是喜欢的、好的事情都可以无止境地做，要顾虑到别人的感觉，也要看自己有没有尽到本分。"

孩子若是真心喜欢阅读，不会因为中断了而不读，他反而会更快地把该做的事情做好，迫不及待回来读完。Bubu 老师的做法非常正确，既然来上课就要好好上课，不能用"书虫"做借口不上课；若是一个人有借口不上课，其他人会马上有样学样，找出其他的理由也不上课，教室的秩序就无法维持了。英文有一句话："The end does not justify the means."（结果不能把手段正当化。）喜爱阅读不能成为拒绝其他行为的借口。

纵容孩子不履行承诺，是爱之反而害之

另外一个小朋友也犯了很严重的错误，已经答应的事，再不甘愿都要做到，因为这是承诺，承诺就是诚信，是责任的一种。做医生的可以说"我今天心情不好，不替病人开刀"吗？或是做老师的可以说"我今天心情不好，不来上课"吗？这孩子的行为已经逾越了一般人可以容忍的程度，需要好好地教导了。尤其当别人在做而她捧着书在旁不做时，这是很没有团队精神的表现，在二十一世纪这么讲究团队合作的时代，这种态度也会让她以后事业的发展吃大亏。

父母一定要分清楚，"任性"不是"个性"，孩子的这种行为是父母娇纵的结果，是爱之反而害之，因为进入社会后，没有人会容忍这种态度。父母一定要教孩子以责任优先，没有人喜欢不

负责任的人，当你接下这份工作时，你就给了对方你会尽责的保证，不好好做就是失信，是食言而肥。一个没有诚信的人是交不到朋友的，人生的路很长，孩子一定要有志同道合的好朋友，人生才会过得愉快，事业才会成功，而这必须从小培养。

阅读的时数和本数，
并不完全等于知识的累积

在数量之外，如何进一步提升孩子的阅读质量？

Bubu老师

◆ 多数父母都希望孩子能爱上阅读，但我们却很少讨论"阅读教育"也是需要身教的。

◆ 阅读是最不受体力限制而能深化关系的活动，通过阅读，亲子的确可以当永远的好朋友。

◆ 父母不应只热情于在孩子童年时当一个阅读的陪伴者，而应努力于书中，一路走出日渐深刻的亲子情感。

洪兰老师

◆ 阅读的成效不能用读了几本来计算，它就像一个人的心智，不是量的问题，而是质的问题。

◆ 阅读并不是要记得每一本书巨细靡遗的内容，而是看完后，它能增加你对某件事的了解，拓宽你的视野，或能使你反思过去的行为是否恰当。你必须消化它的内容，使新知与你的旧知连接起来，这份知识才是你的。

请问洪兰老师

父母确切的辅导，才能真正造就孩子的阅读质量

除了上一篇所提到孩子的阅读态度，父母也经常提到有关读物的内容与方向上的问题。他们担心孩子读的东西没有用，或者说，比没有用更让人担心的是，孩子沉迷于不良读物。

我读过马克·吐温说的一句话："识字不读好书，等于白识字。"洪兰老师能否从这个观念出发，为我们分析阅读质量与心智成长的关系？

这几年台湾在学校或小区都大力推广阅读，但我也看到这些活动有时非常形式化，比如说，鼓励孩子多读书，每读一本就给贴纸作为鼓励，累积足够的张数又可换礼物等方法。有些家长为了帮孩子"冲量"，竟帮忙把内容简化成书摘，说给孩子听，骄傲于他们在多少时间内就能读完一百本。

我认为父母这样做，很可能是不了解阅读一本书并不是收集故事或知识，他们的帮助不但对孩子的阅读无益，还示范了如何虚报学习成果。洪兰老师是否能针对这一点提供建议，帮助父母建立正确的阅读辅导态度？

关于阅读内容的问题，家长提到最多的状况则如以下四种：

○孩子很喜欢看课外书，却对语文课学习没有兴趣

我的孩子看起来很喜欢阅读，但他的语文却总是考得很差。孩子说，这是因为他不喜欢死背课本里的东西，但我感觉他其实有点儿偷懒，也因为社会总在讨论我们的考试有多么呆板无用，所以他找到一个很好的理由来当借口。他喜欢看书，但不肯花时间去做费力的事。我虽然同意课本没有课外书好看，但并不同意孩子把这两件事比在一起，因为他还是得上学，把自己的成绩管好以示负责。我该怎么样才能辩赢我的孩子？怎么样才能让他了解两者都很重要？

〇初中的孩子还是只爱看漫画，没有耐心读文字书

我的孩子很喜欢叫我带他去书局，可是我看他每次都是直接走到漫画类的书架去。我觉得孩子已经上初中了，应该也要读一点儿其他的书，但是他只要看到文字多一点儿的书就没有耐心，这是从小看太多漫画造成的影响吗？但是当年那些漫画都是我自己为他筛选过的，觉得内容很好，为什么长大了之后，孩子自己选的漫画反而越来越没有内容呢？

〇孩子沉迷于言情小说，并以阅读为由拒绝做家事

我的孩子很沉迷于书本，并以此来拒绝做家事，但我隐约觉得他看的书并没有太好，都是很类似的言情小说，一本接一本。但我不敢说，怕说了他以后不再看书，我该怎么办？

〇孩子只爱看金庸的武侠小说

我的孩子只爱看金庸的小说，这样有没有问题？我听过很多人告诉我，如果小学能读金庸表示他的中文程度很好，但我就是觉得不够安心。

阅读教育并非只是要求孩子，父母也该示范与身教

我相信多数父母都同意阅读非常重要，也希望孩子能爱上阅读，但我们却很少提到"阅读质量"，也很少讨论"阅读教育"与其他教育一样是需要身教的。有一次我从孩子口中听到一段可称为笑话的对谈，那天有很深刻的反省。

有两个中年级孩子看到我的书架后，一个对另一个说："还好这不是我家。"她停了一下，又对友伴说，"如果是我家，这么多书，我一定要读死了。"孩子的童言童语使我推敲出，一般父母买了书大概都是要孩子读的，因此小朋友才没有想到，一个家庭的书会分属于不同成员。

或许，现在也有很多父母自己看轻便的、提供大量信息的杂志，却希望自己的孩子能养成有深度的、累积知识的阅读，在这种身教的影响之下，洪兰老师认为阅读教育会顺利发展吗？这是不是就像自己在电视机前看连续剧，却希望孩子在书房好好读书一样困难？

两代可以是朋友，在阅读一事上也能有快乐的体会

从我有记忆的童年开始，我们不管搬到哪里，家中总有一个小小的书房，但书房中放的多数是父母的书籍。我的父母并不常为孩子购买读物，但因为他们在忙碌的生活中也总会拨空看书，所以我对于阅读活动的奇妙感受，是从父母身上直接得到的影响，

而不是从他们交付给我的读书责任中探讨出来的乐趣。

小时候，我把自己有限的几本书都看熟之后，只好读爸爸的专业期刊。虽然那些有关化学或食品营养的研究，对当时年幼的我来说很深奥，但在缺乏读物的环境之下，我也慢慢看出一些乐趣来，就好像啃一片本来以为没有味道的硬饼干，却慢慢嚼出滋味而觉得好吃了。之后即使进入一份完全没有故事性的读本当中，我也能静静地享受阅读，而阅读使我不怕独处。

当大家谈论着亲子应该如何增进了解、如何成为好朋友时，我最推荐通过阅读达到这种境界。阅读是最不受体力限制而能深化关系的活动，通过阅读，亲子的确可以当永远的好朋友。我如今与八十几岁的父母还能交换许多生活的感触，其中最大的原因，或许是阅读所建的功劳。

现在，我觉得安慰的是，我的孩子们回家时也经常跟我借书、谈书。她们在读到一本好书之后，也会介绍给我，并对我说："妈妈，你一定会喜欢这本书！"当我听到这句话当中的肯定时，我觉得孩子不只是了解自己，也了解我，我们的朋友关系是确定的。

所以，我觉得亲子阅读的好处，应该先被提升到成年子女与父母良好的亲子关系上来推广，才能引发更年轻的一代看到其中的好处。父母不应该只热情于在孩子童年时当一个阅读的陪伴者，而应努力于书中，一路走出日渐深刻的亲子情感。

如果父母不想以后只能跟孩子一起进行消费，如看电影、上餐厅、逛街购物、旅行这类活动，在必要时也能一起探讨严肃的议题，那么从小养成一起阅读、进行讨论的习惯，应该是最好的方法。洪兰老师是否也能谈一下这方面的心得？

---------- *Answer* ----------
给Bubu的回应

从有趣的方向引导，让孩子看到课本枯燥外的另一面

人一生没有十全十美，所以常要做一些不喜欢但是不得不做的事，这种不喜欢但非做不可的事叫"责任"。人必须先尽了责任，才可以享受权利，也是先尽了义务，才可以享受自由。孩子经常说课本没趣不想读，这不可以，因为读书是做学生的本分，是他责任的一部分，所以他必须耐烦地把它读下去。若是不喜欢就不必做，天下就大乱了。

但是，父母可以想办法去引导孩子，使他看到课本枯燥外的另一面，例如找出语文有趣的地方，利用猜谜、讲故事，把他领进语文欣赏之门（我在本书另一篇文章提到过，中文构字其实非常有趣）。最主要是孩子的态度要正确，天下事有甘也有苦，不可能都是甘，苦尽了，甘就来了。

人生的快乐不在于做你喜欢做的事，而在于喜欢你不得不做的事。孩子的竞争力其实包括学习力、耐挫力和毅力，而后面支撑的钢骨叫"纪律"。这一点需要在孩子成长的过程中耳提面命地再三嘱咐。不然人都有比较之心，曾经有个小学六年级的学生说

他看不起他爸爸，因为他爸爸赚的钱不及同学的爸爸多。当我问他："有没有想过他是为了你，不得不每天进入地下隧道去修电线？"孩子的态度就改变了。他看到爸爸为了养他，不得不去做他不喜欢的事，而且一做十年，所以他从此不一样了。负责是很重要的人格特质，它是可以培养的。

好书才会对孩子有益，让他们获得正向的模仿学习

关于初中生看漫画的问题，这个年纪的孩子绝对不适合再看漫画了，他必须要读有文字的书，表达能力才会精进。所以，到了这个阶段还不能读文字书，已经有点儿太晚了，父母必须赶快补救。漫画里的文字量不够，它通常是四格或八格，把一个故事表达出来而已；就算是好的漫画书，也只代表其中的故事意念是正确的，跟训练阅读没有关系，因为文字量实在太少了。

言情小说的问题则是看了会上瘾，因为它触动的是孩子心中还未曾经验的感情部分（所谓的"情窦初开"）。父母要小心，这会使孩子对异性有不正常的憧憬，造就出孩子心中的白马王子，而这份憧憬是很大的吸引力。言情小说都是虚构的罗曼蒂克故事，现实中很少有白马王子像书中描述得那样年轻、英俊、潇洒，不用工作而有花不完的钱，反而会使孩子将来在真实人生的情境中感受到明显落差。言情小说是一种不健康的阅读，读完了没有获得什么新知，只是浪费了时间和眼力。

至于孩子爱看金庸有没有问题？我觉得没有，金庸文笔很好，

用历史的架构来写武侠很吸引人，看得懂金庸小说的孩子，语文底子是不错的，不知父母的不安心是指什么。我的孩子就是从《书剑恩仇录》开始喜欢上中文的。

好书才会对孩子有益，父母在一开始时，必须替孩子筛选有益的优良读物，因为模仿是天性，每个孩子或多或少都会受到书中人物的影响，从而模仿这个角色。尤其最近有实验发现，大学生在看完一本令他感动的小说后，他的大脑中跟情绪、记忆、动作有关的部位都比较活化，而且在看完书之后五天还会继续活化。这个实验结果让我们看到了"感同身受"和"同理心"的大脑机制，所以，挑好书给孩子看是很重要的。

阅读的效应不是立竿见影，而是长久的内化影响

父母如果能在孩子看完书之后，再跟他讨论一下书中的隐喻，把你的观点讲给他听，这本书对孩子的影响力就更大了。作家黄春明说，他能"改邪归正"是因为在念师专时，有位老师送了他一本俄国作家契诃夫（A. Chekhov）的小说，看完这本书之后，他的人生观整个改了过来。很巧的是，之前那个实验给大学生看的也正好是契诃夫的小说《带小狗的女士》（*The Lady with The Dog*）。这本小说是一八九九年出版的，但一本好的小说不会被时间的无情浪潮所淘汰，因为人性千百年来都没有变。

阅读的成效不能用读了几本来计算，它就像一个人的心智，

不是量的问题，而是质的问题。台湾目前的过度量化已破坏了教育的本质，读书的目的是变化气质，所谓"腹有诗书气自华"，读了书，谈吐、风度会不一样。父母若不确定自己带领孩子阅读的方法对不对，只要观察一下，孩子在经过了一个暑假的阅读后，谈吐有没有忽然变得不同，便可以知道他的书有没有读进去。

阅读的效应不是立竿见影，而是长久深远的，一本书读进去之后，要经过反复地思考、咀嚼，经由内化才会把效果显现出来，而一旦读进去了，它对孩子的影响也会一直持续下去。我们都有这样的经验，读过一本好的小说会在心中长久不忘，无聊时，或情境相同时，拿出来回味一番，还是非常快乐，有这种经验的孩子是幸福的。

阅读是主动的学习，可以借此拓宽视野、反思自我

其实，阅读是强迫不来的，不喜欢看的书，即使看完也没有印象，我们不是常看到孩子书本一合上，不要说内容，连这本书叫什么名字都说不出来吗？因为孩子把阅读看成是苦差事，所以BuBu老师例子中提到的学生才会开那个玩笑，说看那么多会死。这种孩子很可怜，他们无法领会人类最大的乐趣。

美容院或候诊室经常放些所谓的轻便杂志，让人消磨等候的时间，轻便杂志严格说来不是阅读，因为没有什么内容，除了名人的八卦或美容减肥秘诀之外，没有什么值得记入脑海、可以增加见闻的东西。所以我平常宁可闭目养神，也不愿浪费眼力去看

不需要知道的他人隐私。

常有人问：你家那么多书，你怎么记得？我很惊讶，阅读并不是要记得每一本书巨细靡遗的内容，而是看完后，它能增加你对某件事的了解，拓宽你的视野，或能使你反思过去的行为是否恰当。你必须消化它的内容，使新知与你的旧知连接起来，这份知识才是你的。曾有人搬新家时，去书店搜购烫金书皮的大部头作品放在书架中，使自己看起来很有学问，这其实就像搜集了很多的叶片想要堆出一棵树，是不可能成功的，因为其中缺少了核心的阅读行为。

一九三五年，林语堂先生说："天下没有哪一本书是每个人必须要读的。"没有非读之书，也没有不可读之书。他建议每个学生出一百元去买书，全校合起来就可以买很多书，书买来了也不必放到图书馆上架，而是堆在一个房间中，只要每个人去这房间看书的时间，跟他上课的时间一样多，四年后保证学到的东西会比在课堂上受教来得多。我很赞同这句话，因为阅读是主动学习，而上课听讲对大部分学生来说是被动的历程，我们看到研究所中最有潜力的好学生，并不是考进来分数最高的，而是最有阅读习惯的，这就是一证。

从小帮孩子养成阅读的习惯，是父母给孩子最好的礼物。我的孩子也像Bubu老师的孩子一样，会跟我分享好书，他在美国看到了新书，都会买电子版，让我隔着太平洋一起看。我们讨论书中内容的时刻，是少数我觉得非常愉快的时光，因为那是心智的交流，流露着亲密的亲子感情。

背诵，是为了拥有
"携带于心"的方便性

如何区别"死记"和"背诵"在学习中的意义？

Bubu 老师

◆ 父母不要对一件事情采用极端、单一的看法。我观察孩子们并不讨厌背诵，但如果常听大人说"背书有什么用"，他们的确会因此对所有需要记忆的内容都产生反感情绪。

◆ 如果为了拥有对于文本的所有权与携带于心的方便性，那么"背诵"即使经过一些辛苦，也很有意义吧！

洪兰老师

◆ 基础的知识要记在脑海里，因为这样提取最快，既可触类旁通、举一反三，衍生出新的知识，也能用来验证网络上各种新知的真伪。

◆ 背诵不等于死记，两者的差别在于有没有理解，先了解这项知识的基本脉络与架构，逻辑和条理一分明，意义就出现，也就容易记忆了。

请问洪兰老师

学习中的背诵工夫，经常被浅释或曲解

黄春明先生曾经为洪兰老师的书《理尚往来》写了一篇《举例与比喻》的推荐序，其中一段提到老师行文说理的特色是，几乎篇篇都有举例与比喻来印证文章中的道理和看法，并说这些例子一方面是从生活中信手拈来，另一方面则是从习惯阅读的书海中捞出。我多次聆听老师演讲，并有几次与老师同台对谈，深切感受到黄春明先生用"信手"与"打捞"来描述老师是如何生动。如果不是博于学、强于记，如何能引证立就，这不只说明您脑中知识藏量之丰，也可以推想老师在求学阶段一定用功甚勤。

但因为您经常在演讲中特别强调"死记没有用"，所以家长开始对于"要不要记""背书到底有没有用"产生更多怀疑。每在演讲中说到"死记"，您总会以无法想象的速度，念出一段童年或求学期间熟记的年表、数据或古文，然后告诉大家："背这些要做什么呢？"于是，有些家长没有深思或联结您的前后话语，就只简单地截取其中的一句或一义，片面做下结论说："背书是没有用的。"而这种反对背诵的主张，却与学校教师的某些要求彼此冲突。

更不好的是，许多家长因此相信，所有的学习都可以"轻松愉快"就"牢记在心"。父母因为担心孩子受苦与枉费心力，开始

寻找各种快捷方式，提供学习方法与教材的市场更大加利用天下父母疼爱子女的心情，不断推出更诱人的轻松学习之道，这些状况开始交错产生了对孩子非常不利的影响。

我们在学习任何知识的时候，有些东西自然就能够轻松记下，但也有很多是虽然很欢喜、有心得，也无法一次就存于记忆，必须反复、刻意留存的，这样算是"死记"吗？这种功夫不值得下吗？洪兰老师曾在十年前翻译《记忆的秘密》（*Committed to Memory*）这本书，相信您一定能帮助大家走出有关记忆的迷思，并说明"背诵"与"死记"的区别及"背诵"和"学习"之间的关系。

孩子并不讨厌背诵，但需要适当的引导与练习

成人的主张对孩子有很大的影响，所以我建议父母不要对一件事情采用极端、单一的看法。我观察孩子并不讨厌背诵，但如果常听大人说"背书有什么用"，他们的确会因此对所有需要记忆的内容都产生反感情绪。

今年四月，我教孩子们做润饼，除了跟他们解释"清明"与"寒食"的不同之外，也介绍了几首诗。孩子们一听说做润饼还要读诗，有几个立刻就瘫在桌上，很苦恼地问："要不要背？"更有几个开始嘀咕："我最讨厌背书了！"等我宣布没有"规定"要背，但喜欢的人可以把它记下来，孩子们都开心了。

我对这些反应总有些担心，因为很明显地看到孩子对学习的想法还是停留在负担的层面，他们的关心只是：一份功课要写多少

次？一首诗要不要背起来？测验卷要写几张？

那天，我先跟孩子们讲重耳与介子推的故事，介绍润饼的由来之后，再为他们讲解要读的诗。我试了一个新的方法，不让他们先看诗文，而要他们拿起纸笔，我每讲完一句的意思之后，请他们以自己的了解把那一句的用字写出来。除了知道读音，还得了解意思，才能填出正确的字，比如说"尽丹心"可能写成"进丹心"，这就"逼"他们得要真正动脑筋，不懂的要提问。

这个练习很有用，因为故事很鲜明，诗句也没有用典，对五、六年级的孩子来说，已有的文字能力足以应付其中所需要的推敲。等孩子们吸收了讲解，经由提问填出诗文后，我再带他们完整地朗诵两次，我发现几乎所有的孩子都在不知不觉中已经会背这首诗了。他们也觉得很高兴，不是头脑放空地以高声朗读来背诗。

> 割肉奉君尽丹心，但愿主公常清明。
> 柳下作鬼终不见，强以伴君作谏臣。
> 倘若主公心有我，忆我之时常自省。
> 臣在九泉心无愧，勤政清明复清明。

我曾听到有人把"背诵"解释成"携带于心"与"对文本的所有权"，觉得很迷人。以下这段文字，是我在几年前读书时记下的笔记：

十五世纪期间，虽然的确有学者是在自己的私人房间工作，但财力较差的读者却受到鼓励，可以去学校和清真寺的图书馆。这些地方的书籍是用来给那些买不起的人看的；他们可以在此抄写下想要的作品，供自己使用，不管是背熟内文或者闲暇时学习。十三世纪的学者贾马虽然建议学生有能力时最好就买书，但却认为最重要的是这些书要"携带于心"，而不是只摆在架上保存就好。

根据贾马的说法，记忆近似建筑艺术，因为借由不断练习，读者得以按自我品位建立私人豪宅，装潢以各种珍宝，深刻又笃定地宣告自己对所选文本的拥有权。

如果为了拥有对于文本的所有权与携带于心的方便性，那么"背诵"即使经过一些辛苦，也很有意义吧！请问洪兰老师，父母如果浅释或曲解了"背诵"的意义，对于孩子的学习会有什么样的影响？

Answer

给Bubu的回应

基础的知识要记进大脑中，衍生的学问再上网去查询

背诵不等于死记，两者的差别在于有没有理解。许多常用的电话号码会自动跳出，记起来毫不费力，其实这是因为常常使用会造成神经回路的连接，连得紧了，起个头，就像提串粽子似的

整个冒出来。记忆是获取知识的基石，死记的东西若是常常使用，最后也会很流利，虽然仍不知其意义。

精通一门学问后，才能触类旁通、举一反三，所以基础的东西要记在脑海里，但它所衍生出来的学问则可以上网去查，凡是网络上查得到的就不必背，把时间空下来去学更有意义的东西。在没有网络之前，几乎所有东西都要记在脑海里，所以教育很重视记忆；现在有了网络，人脑的资源应该释放出来，去处理其他更重要的东西。

为什么到了电脑世纪，学校还是要求孩子背诵呢？因为记进大脑中的知识提取最快，而且这些基本知识可用来验证网络上各种新知的真伪，这也是为什么信息越发达而普通常识越重要。

把好的文章记在心里，对写作和人生都有帮助

背诵的好处大概在作文时最能感受到，想要引用成语、名人的话时，不必停下来找，写文章可以一气呵成。所以杜甫说："读书破万卷，下笔如有神。"在我小时候，语文课并不教文法，我到现在对于抒情文、叙事文或是什么句法、词类，还是搞不清楚，但是我可以知道这篇文章好不好，值不值得把它背下来。因为我们小时候没有电视、电玩，唯一的消遣就是看小说，很多不喜欢小说的父母则会要求孩子背《古文观止》，因为里头收录的都是千锤百炼、经过时间淘汰后才留下来的好文章。读久了，潜移默化，就能逐渐了解作文起承转合、前后呼应的道理。这种理解是内隐

的知识，我说不出来好在哪里，但是知道好坏的差别。

背一篇好文章其实没有那么痛苦，当我们很喜欢一篇文章时，我们会反复地读它，会在心中吟诵，会自动把它背下来。把好的文章记在心里，不仅对写作文很有帮助，在人生碰到挫折时也是很好的指点，因为太阳底下没有新鲜事，发生在你身上的事，不同时间、不同地点、不同的人都发生过，你可以利用前人的智慧来解决手边的问题。所以孔子说："不知史，绝其智。"但是你若没有把这些话放在心中，又要怎么去利用它呢？

以逻辑性和意义做辅具，记忆会更容易

看到好的文章，我会想把它背下来，我不喜欢背的是没有意义的年代或文告。以前历史几乎都是考填空题，填人名和年代，一开始实在很辛苦，后来发现只要多看野史或演义，人名的熟悉度增加了，事情发生的先后顺序知道了，抓住一个"锚点"（anchoring point），就可以把很多事件串联起来，历史就不会无聊，也不会张冠李戴而发生张飞打岳飞、关公战秦琼的错误了。

从实验看来，记忆的本质就是一个熟悉度，熟悉东西的神经回路是大条的，临界点是低的，它容易被激发，也容易在既有的基石上添加新的东西。所谓的相似性会引发联想（Similarity breeds connection），记忆会把相似的东西归类在一起，当我们看到它们的相关事物时，就能触类旁通衍生出新的知识。因此九九表要背，二十六个字母要背，因为它是基石，叫基本功。

死背是不懂意思、没有逻辑、没有脉络，大脑里没有现成的架构（schema）可以去放置这项知识，只好一句一句背下来。这时的记忆历程是痛苦的，因为它没有辅具（理解所带来的意义度），只能靠一而再、再而三地活化同一回路来强化记忆。我们经常忽略意义度的重要性，以前很多老师不先讲解意思就叫学生背，常说"背熟了就懂了"。没错，背熟了总有一天意义会出来，但是在未懂之前的记忆过程却是痛苦的。

任何一门学问，只要懂了，都不难记

二十世纪七十年代，认知心理学家做了许多记忆实验来改进老师的教学方法，其中一个是先说明今天上课的主题和大纲，再讲细节，这样的效果最好。因为主题和大纲提供了一个放置细节信息的架构，逻辑和条理一分明，意义度就出现、就容易记了。会教和不会教的老师最大的差别，就在于他能否把难懂内容的意义解释给学生听、用意义度来帮助记忆。

在美国念书时，我的第一个室友是念文学的，他教我英文基本构字的原则和字根，让我即使看到生字也能大略猜出它的意思，这大大增加了我对阅读英文小说的兴趣，提升了我的英文程度。

很多人也觉得背法条很痛苦，我却不觉得，因为我父亲是法律系教授，他把每则法条背后的立法精神讲给我听，从推理去着手，法条有了意义，就不难记了。父亲说，法条不需要背，有六法全书可查，要背的是宪法，因为这个根本大法是母法，是所有衍生法的立法精神。

　　任何一门学问，只要懂了，都不难记。Bubu老师之前曾提到，梁实秋去美国留学后不再害怕数学，就是一个好的例子。梁实秋先生一再强调学习是纪律，因为刚开始时，打根基需要纪律，根基稳了，高楼大厦自然平地起，成果才会辉煌。

在与孩子相处过程中，你为自己或孩子设立过什么原则？

你们家是如何共享家务的？你希望孩子参与家务劳动吗？你会怎样引导他维持房间的整洁？

亲与子共同成长过程中，一方难免"犯错"。当你意识到自己可能犯了教养的"错误"，你通常怎么做？当孩子"犯错"时，你通常会怎样处理？你赞成"惩罚"这样的方式吗？

你如何看待"拒绝"行为？当你被他人拒绝时，你会有怎样的心理感受？在生活中，你会在什么情况下拒绝孩子的某些请求？你会怎样表达拒绝？

子女的互敬互爱是家庭人际关系的重要一环，但孩子们之间难免发生摩擦。你如何处理他们之间的冲突？

问题要点和蔡颖卿、洪兰老师的小贴士
请见下一页哦 👉

原则

父母与孩子相处过程中，有一大原则很重要：说到的事，自己也遵守。例如：如果父母跟孩子强调责任很重要，父母自己当然就要把持家与工作的责任都善尽，这就是原则。父母当然是不能三心二意的，这样会让孩子没有安全感也无所依循。做法上可能是弹性的，但价值观要经得起一致的检验。

家事共享

不是每个孩子天生就喜欢做家事，所以维持家里的整洁，可以从美感与家庭成员的责任感双向努力。跟他动手一起重新调整房间的布置，让他感受自己与这个小天地的环境关系，再进而要求他做好自己房间的清洁整理，不要一下子就进入帮忙打扫与指责的最后一步。

犯错教育

正当合理的处罚，孩子才会坦然接受。我们不该让孩子以为罚则不用存在，或施以处罚是一种罪恶。让孩子从共同的约定、必有的纪律、责任的完成，来了解罚则存在的原因与处罚启动的时间，处罚才不会变成一种威胁，学习的前进也不必仰赖粗糙的惩罚制度来产生刺激作用。

拒绝

所有的拒绝话语如果有个合情合理的简要说明，不只能让状况更明朗，也有助于缓冲因为拒绝所引发的失望。父母需要如此的原因有两个：一是孩子们不至于误会"死缠烂打"是毅力的表现，他们也需要通过理由来了解生活的现实；另一是，父母的说明也正教导了孩子拒绝别人的正确形式。

子女冲突

有三种力量会影响一对手足的关系：父母彼此的和谐、父母与原生家庭手足的关系、父母与子女的相处。家人间彼此照顾的爱的传达，比直接指导子女互敬互爱更有用。另外，当孩子有小小冲突，父母不要紧张，不求自己在处理时像个法官，而是要检查这个家里的成员，每个人都感到舒服、感到被接纳了吗？

在每一个有意义的日子里，你会和孩子共同准备一份手作礼物赠予彼此抑或师友吗？

在处理工作与生活事务时，你如何保持耐心？在教孩子学习新事物时，如何在陪伴中锻炼彼此的耐心？

在如今物质丰富的时代，"珍惜"是教养中最难的一课，无论资源属于自己、他人或归于公共，你是否做到珍惜了呢？你如何教会孩子懂得珍惜？

知识与才艺很重要，但真正促使孩子更进步的基本力量是"责任感"。在孩子成长的不同阶段，你如何和他一起建立责任感呢？

问题要点和蔡颖卿、洪兰老师的小贴士
请见下一页哦 ☞

亲与子共同成长小贴士

真正的礼物

不一定要借圣诞老人的名义来送礼物，也不用年年添购新物来装饰空间。旧物可以新装、快乐可以反复，成人需要的只是一点带孩子动手的热情，与不遗漏快乐的敏锐。孩子的心也是极容易被满足的，当成人担心自己给不起更好的物质时，孩子长大后记起的却是自己曾经受过的温和对待与教导影响。

耐心磨出真功夫

父母亲自己失去耐心时就容易把孩子当机器人教，只要求他们按照固定的方法学会一件事，而不愿意给一点自行琢磨的时间，泯灭了教育所重视的"创造力"。父母和孩子在 DIY 过程中，只需要求一模一样的结果，但不要限制孩子用什么方法达成，你将会重新看到实践与观察、思考的意义。

珍惜之心

我们多数人都能做到爱护自己的物件，看重自己的情感，但换个立场，很可能对他人珍惜如命的事物就掉以轻心了。这样的心境算不上真正的"惜物爱人"。一个受过良好"珍惜"教育的人，不只能把爱护的情意响应于物质，对于非物质，如时间、情感，也怀抱着同样的敬意，踏实照顾自己身边的环境，小心爱护任何一件已经拥有的物品。

责任感

在孩子小时候，我们需要看重他能不能把自己生活上的小事学会、照顾好。除了照顾自己之外，也需要重视让孩子体会自己与环境的关系，体会关心环境的责任感。例如：带孩子在购物中心开门前去观察店员阿姨们是如何花心力清理环境的；那些美好的结果只要有人随意用手涂抹或破坏，环境就会变得脏乱。

你们家各位成员有怎样的阅读习惯？你的孩子喜欢阅读吗？你通常怎样引导他养成阅读习惯？

你是否会进行有计划的阅读？你期望孩子阅读时长和阅读数量越多越好吗？

在孩子的阅读过程中，你会怎样陪伴他？你们每周有多少共读时间？

你的孩子通常在什么时间进行阅读？当阅读场景需要被打断（如参加活动、睡觉、写作业），孩子会如何选择？有怎样的反应？

问题要点和蔡颖卿、洪兰老师的小贴士
请见下一页哦 ☞

阅读兴趣

每个大人或孩子都一样，自己领略到最多乐趣的事，最能自动自发地投入。通往阅读乐趣的途径有很多种走法，有些孩子从故事进入，有些孩子从别人赞美他有丰富的知识进入。父母要先自己喜欢阅读，再设法以不同的引导与孩子共尝阅读的喜悦。

阅读质量

阅读的成效不能用读了几本来计算，它就像一个人的心智，不是量的问题，而是质的问题。阅读也不是要记得每一本书巨细靡遗的内容，而是看完后，它能增加你对某件事的了解，或使你反思过去的行为是否恰当。你必须消化它的内容，使新知与你的旧知连接起来，这份知识才是你的。

亲子共读

阅读教育并非只是要求孩子，父母也该示范与身教。阅读是最不受体力限制而能深化关系的活动，透过阅读，亲子的确可以当永远的好朋友。父母不应该只热情于在孩子童年时当一个阅读的陪伴者，而应努力于书中，一路走出日渐深刻的亲子情感。

阅读时间管理

当阅读活动与生活作息冲突，或孩子另有责任该完成但不肯离开书本，父母要理直气平地给予诚恳的提醒，让孩子理解：不能把喜欢阅读当成任意行事的通行证，我们都要学习在适当的时间做适当的事，孩子才不会觉得不能随心所欲是一种遗憾。

回顾你自己的经历，你通常更关注过程还是结果？而对于孩子，你如何看待学习成绩这件事？是否期望孩子获得更高的成绩？孩子自己以怎样的心态看待成绩？

....

....

....

在工作和生活中，你分别如何处理"不会做"和"不愿做"这两类事情？你如何面对孩子的"不会做"？你如何分清孩子是真的"不会做"，还是"不愿做"？

....

....

....

不管父母还是孩子，都会出现"三分钟热度"的现象，你是否由此判断为对某事"不感兴趣"，从而转向其他事情？

....

....

....

你如何看待孩子需要面对的背诵任务？你会怎样引导孩子接纳需要记忆的内容？

....

....

....

问题要点和蔡颖卿、洪兰老师的小贴士请见下一页哦 ☞

学习期望

学习的期望和目标，都要配合孩子的能力。父母当然要关心孩子的学习，但如果关心的不是过程，不是从自然的角度了解他们的能力成长，并帮助建立正确的态度，而只是从作品、分数给予批评，或在孩子面临问题时选择指责或刻意掩护，这对孩子都不算是有帮助的关心。承担太多父母的期待，会让孩子活在紧张与压力之中。

"不会"与"不愿"

教育的目标就是要把眼前的孩子培养成将来可以独当一面的成人，那么，这其间的生活练习不能荒废。"不会"是未受教导的结果，解决的方法很简单，不管几岁，所有"不会的事"立刻教，总有学会的一天。父母应该了解，"不愿意"应该归属于"责任感"的问题，是纵容的结果，在这种情况下，父母可以带着孩子一起做。

兴趣与深度参与

不要把教育只放在"体验看看"的层次，应该带领孩子"深入参与"各项生活自理的事务，借此养成专注的能力、正确的学习态度与扎实的经验。父母对于孩子不想认真参与，不该轻易用"他应该是没有兴趣"来解读，久而久之，便有不少孩子及至长大成人还用"没找到兴趣"当不肯独立负责的挡箭牌。

背诵之真义

背诵，是为了拥有"携带于心"的方便性。基础的知识要记在脑海里，因为这样提取最快，既可触类旁通、举一反三，衍生出新的知识，也能用来验证网络上各种新知的真伪。背诵不等于死记，两者的差别在于有没有理解，先了解这项知识的基本脉络与架构，逻辑和条理一分明，意义就出现，也就容易记忆了。

你怎样看待"在家吃饭"这件事情？你和孩子在吃饭时有怎样的轻松愉悦的交谈呢？

_____

_____

_____

家中待客宴请时，你和家人怎样分工协作？你通常怎样安置孩子？

_____

_____

_____

对细节的关注和把控可以培养大人和孩子的审美心，饮食也有细节之美，你注意到了哪些呢？

_____

_____

_____

厨房是蕴藏各种创造力与温情的源头，讲一讲你和孩子在厨房协作过程中的乐趣之事吧！

_____

_____

_____

问题要点和蔡颖卿、洪兰老师的小贴士
请见下一页哦

亲与子共同成长小贴士

灯火可亲 家人围坐

餐桌是一家集会的重地，在那无数美好的日子里，如果没有了餐桌上的相聚，父母与孩子所错过的一定不只是一餐饭而已。父母在餐桌上关心孩子、分享彼此的生活，构成了一如美好仪式的相聚。

家宴之乐

有孩子参与的家宴，不要把安顿孩子当成负担。如果能邀约孩子一起制作食物，当然会有更美好的互动。无论是多小的孩子，只要成人愿意耐下心来思考所有食物制作的过程，一定能找到适合的工作请他们帮忙。这不但可以使聚会的气氛欢乐融洽，也不必另外挪出时间、使出精神来镇压他们。

食之艺术

吃，除了食材，还包括环境，干净是第一要素。吃饭无论餐食简单或丰富，都要好好布置餐桌。其实布置餐桌不难，一张干净的桌布、一瓶小花，立刻使人心安静下来准备接受食物。"色香味"中，色摆在第一位是有道理的。对吃相的讲究、对食物的爱惜，也是餐桌上的美感教育。

厨房之歌

放下手机，关上电视，和孩子一同在厨房协作，同工的意义并不只在做出喜欢的饭菜，而是在帮助你们在生活实作中慢慢奠定彼此的工作默契，对谈出两代之间的价值基础，并建立一种不借娱乐也能愉悦相处的模式。踏踏实实地从购物、烹煮到清洁，也能锻炼孩子有始有终完成一件生活事的能力。

好大人自测表

□ 起居有时　　　　　□ 注重居家环境

□ 独立思考　　　　　□ 工作认真踏实

□ 情绪稳定　　　　　□ 遵守时间秩序

□ 坚守原则　　　　　□ 勇于战胜困难

□ 关注饮食健康　　　□ 尊重和关心他人

□ 拥有仁爱之心　　　□ 良好的阅读习惯

□ 培养阳光性格　　　□ 欣赏和接纳自我

□ 使用好的语言　　　□ 保持好奇心和探索欲

　　愿每一位父母，在教育孩子的路途上，都能以热情生活的身影和美好的语言，成为孩子的活榜样。

蔡颖卿建议亲子共同完成的十件事

☐ 发现并夸赞彼此的优点，多多益善

☐ 共同完成一幅家庭画像

☐ 在"小小厨师"的主导和父母协助下，完成一份"盛宴"

☐ 共同整理和装饰房间，最好做一些生动的纸花

☐ 选一个属于家庭的特别日子互赠手作礼物

☐ 列一份和孩子的共读书单，并按计划打卡

☐ 帮助孩子思索时间的价值，制定一份时间管理书

☐ 认真和孩子讨论一次金钱开支事项，制定金钱计划

☐ 为孩子的物品保留一种颜色，作为成长纪念的元素

☐ "最平凡的最快乐"，和孩子一同讨论平凡生活中的快乐事

原来，爱孩子是这么单纯的一件事，就用完全的诚意，把自己胜任的事，好好带他们做一回，然后用欣赏的眼光，用耐心的等待，展望他们的未来。

——蔡颖卿

不遗余力的欢喜倾吐

夸一夸你的孩子，多多写下他的优点吧！

孩子也是一个有父母的人!

蔡颖卿说："诗歌本身的美难以抗拒"。

请创作或摘录一首美好的诗，和孩子分享它，祝福你们从这首诗中获得满满的爱和力量！